서울대 교수와 함께하는
10대를 위한 교양 수업

① 유성호 교수님이 들려주는 법의학 이야기

글 유성호, 박여운 | 그림 신병근

기획의 글

단 한 번의 특별한 지식 여행

　'서울대 교수와 함께하는 10대를 위한 교양 수업'은 배움의 뜻을 품고 자신의 길을 찾아 떠나는 10대를 위한 지식 교양 도서입니다.
　꿈을 찾고, 꿈을 키우고, 꿈을 이루는 것은 저절로 되지 않습니다. 내가 무엇을 좋아하는지, 내가 어떨 때 행복한지, 내가 무엇을 하고 싶은지 깊이 생각하고 깨닫는 경험이 필요합니다. '서울대 교수와 함께하는 10대를 위한 교양 수업'은 그 깨달음의 기회를 전하고자 기획되었습니다.

　이 시대 최고의 멘토가 함께합니다.
　'서울대 교수와 함께하는 10대를 위한 교양 수업'은 단순한 지식 교양 도서가 아닙니다. 자신의 관심과 재능을 되돌아보고 보다 구체적인 꿈을 그리도록 안내합니다. 더 넓은 세상, 더 큰 배움의 세계로 나아가기 위해 꼭 필요한 지식과 가르침을 전할 최고의 멘토, 서울대 교수님들이 함께합니다.

지식이 꿈으로 이어집니다.

알면 보인다는 말처럼 새롭게 알게 된 것에서 꿈을 찾을 수 있습니다. 어떤 친구는 평소에 관심 있던 분야에서, 또 어떤 친구는 전혀 관심 없던 분야에서 자신의 꿈을 마주할 것입니다. 지금 관심이 집중되는 몇몇 분야의 지식만이 아니라, 인류가 오랜 세월 축적해 온 문화와 역사에 대한 방대한 지식들은 여전히 배우고 연구할 가치가 있습니다. '서울대 교수와 함께하는 10대를 위한 교양 수업'은 폭넓은 시선으로 살아 있는 지식을 전합니다.

배움은 그 자체로 즐거운 일입니다. 일찌감치 꿈을 정하고 키워 가는 친구, 이제 막 꿈을 꾸기 시작한 친구 그리고 아직 어떤 꿈도 정하지 못한 친구도 괜찮습니다. '서울대 교수와 함께하는 10대를 위한 교양 수업'이 안내할 지식 여행을 통해 여러분의 꿈에 조금씩 다가가길 바랍니다.

이 책을 읽는 10대에게

안녕하세요. 서울대학교 의과대학 법의학교실에서 학생들을 가르치는 유성호입니다. 이 책을 선택한 독자들이라면 평소 법의학에 관심을 가지고 있었거나, 추리 소설을 좋아했을 것 같은데 맞나요? 저도 어릴 때부터 추리 소설을 너무나 좋아했어요. 셜록 홈스, 미스 마플, 에르큘 푸아로 같은 명탐정들의 활약을 보며 나도 저렇게 멋진 탐정이 되고 싶다는 생각도 많이 했습니다. 아마도 그런 독서 경험들이 제가 법의학자의 길을 갈 수 있는 원동력이 되어 준 것 같습니다. 여러분에게도 이 책이 그런 경험으로 남는다면 더 바랄 것이 없겠네요.

저는 이 책을 통해 법의학이라는 학문을 여러분에게 소개하려고 합니다. 법의학이 어떤 학문인지 설명하는 것은 물론이고, 실제로 발생했던 범죄와 사건에서 우리나라 법의학이 그리고 법의학자들이 어떤 역할을 해 왔는지도 소개했습니다.

특히 부검은 법의학자가 하는 여러 가지 일 중에서도 아주 특별한 일입니다. 이 세상에서 숨을 쉬고 웃고 울고 사랑하고 사랑 받았던 한 사람이 어떤 이유와 과정으로 죽음을 맞이했는지 알아내기 위해, 꼭 필요한 상황에서 시행하는 일이기 때문입니다. 그래서 법의학자는 생명에 대한 존중과 인간 본

성에 대해 깊이 성찰하는 마음을 가져야 합니다. 또한 방대한 의학 지식을 학습하고 탐구할 수 있는 끈기 있는 태도도 필요하겠지요. 마지막으로 불의에 굴하지 않는 정의로운 마음, 협박과 회유에 맞서는 담대함과 용기도 필요합니다. 물론 처음부터 이 모든 것을 가진 사람은 없습니다.

   법의학자는 죽음과 직접 만나는 직업입니다. 누구나 피하고 싶은 죽음을 정면으로 맞이하며 연구하는 직업이다 보니 삶과 죽음에 대해 많은 생각을 하게 됩니다. 만약 인간이 영원히 살게 된다면 삶의 의미는 지금과 많이 달라질 것입니다. 하지만 우리는 유한한 삶을 살기 때문에 지금 이 순간 열심히 공부하고 놀고 웃고 사랑하며 살아가는 것이겠지요. 삶의 마지막 의사로서 그들의 마지막 목소리를 들어주는 법의학자는 그래서 더욱 의미 있는 직업이라고 생각합니다.

   여러분이 이 책을 재미있게 읽고 법의학자의 꿈을 키워서 언젠가 함께 일하는 날이 오길 기다리겠습니다.

유성호(서울대학교 의과대학 법의학교실 교수)

차례

기획의 글·····4

이 책을 읽는 10대에게·····6

1장 죽은 사람의 말을 듣는 의사·····14

- 월요일의 부검실
- 걷다가 넘어졌는데 죽었다고?
- 나의 부검실
- 법의학의 전망은 최악?
- 나의 첫 부검
- Q&A

50대 남성, 산에서 발견되었습니다.

2장 과학으로 범인을 밝힌다····· 44

- 뱀과 저울
- 우리나라 법의학의 시작
- 법의학의 여러 분야
- Q&A

3장 죽은 사람의 마지막 권리····· 68

- 사인, SIGN, 死因
- 왜 죽었는가
- 어떻게 죽었는가
- 부검은 사건을 해결하는 열쇠
- 부검으로 뒤바뀐 사건
- Q&A

4장 완전 범죄는 불가능하다 ····· 96

- 리지 보든 사건
- 33년 만에 잡힌 범인
- 신참 법의학자의 승리
- Q&A

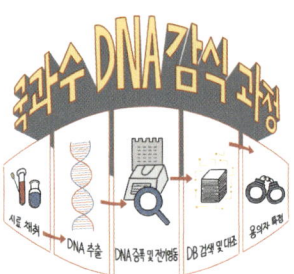

5장 역사를 바꾼 죽음 ····· 116

- 법정에서 나를 노려보던 범인
- 어느 일병의 죽음
- 탁! 치니 억! 하고 죽었다?
- Q&A

6장 죽음을 통해 삶을 배운다 ····· 140

- 사망이란 어떤 상태인가
- 죽을 권리와 살릴 의무
- 영원히 살 수 있다면
- 내 인생의 저장소에는 무엇을 담을까
- 삶을 위해 죽음을 생각한다
- Q&A

법의학자 유성호

죽어야 만날 수 있는 사람. 매주 월요일마다 부검을 한다. 법의학자가 천직이라 생각하며 살고 있다. 삶과 죽음을 고민하는 철학자.

단아

미스터리 소설과 범죄 드라마를 좋아한다. 꼼꼼하고 이성적인 성격이다. 장래 희망은 범죄 프로파일러.

산들

범죄 프로그램 광팬으로 법의학자가 꿈이다. 문제는 겁이 많다는 것. 가끔 파리를 벌로 착각해 기절할 정도.

1장 죽은 사람의 말을 듣는 의사

- 월요일의 부검실
- 걷다가 넘어졌는데 죽었다고?
- 나의 부검실
- 법의학의 전망은 최악?
- 나의 첫 부검

월요일의 부검실

오늘 만나는 분의 직업이 그렇게 무시무시한 거야?

너 마음 단단히 먹는 게 좋을 거다. 저기 선생님 오신다!

부검을 하는 날이라 조금 늦었습니다. 반가워요, 법의학자 유성호입니다.

"이런 질문을 해도 될지 모르겠지만 시체, 아니 시신을 보면 어떤 기분이……."

저를 처음 만난 사람들은 이렇게 조심스럽게 머뭇거리며 질문을 하는 경우가 많습니다. 아무래도 법의학자가 하는 일이 시체, 살인 사건, 해부 등 일상생활에서 좀처럼 쓰지 않는 단어들과 관련이 있기 때문이겠지요.

법의학자를 생각하면 가장 먼저 시체를 부검하는 모습이 떠오를 거예요. 실제로 저는 매주, 특히 월요일은 부검을 하기 위해 서울대학교 의과대학 법의학교실로 출근을 합니다. 그래서 '월요일마다 시체를 보러 가는 남자', '죽어야 만나는 남자'라는 별명까지 갖게 되었어요.

저는 법의학자로서 의과대학에서 학생들을 가르치고, 법의학과 관련된 연구를 하고 논문을 쓰기도 하며 종종 경찰, 검찰, 법원과 같은 국가 기관이나 〈그것이 알고 싶다〉 같은 탐사 프로그램의 자문을 맡는 등 여러 가지 일을 합니다. 법정에 나가 사건과 관련 있는 증인으로서 의학적인 사실을 진술하는 일도 빼놓을 수 없지요.

그중에서도 가장 강한 인상을 주는 것은 시체 부검을 하는 모습인가 봅니다. 부검은 아무래도 보통 사람들의 일상에서는 좀처럼 경험해 보기 힘든 일이고, 그래서 살인 사건이나 미스터리한 범죄를 떠올리게 되는 것 같아요. 법의학자가 꼭 변사체만 부검하는 것은 아닌데도 말이에요. 변사체는 변사한 사람, 그러니까 범죄에 의해 죽었을 것으로 의심이 가는 시체를 뜻하는 법률적 용어예요.

　법의학자인 제가 가장 많이 받는 질문은 "시신이 무섭지 않나요?"입니다. 심지어 저와 의과대학을 같이 다닌 친구들조차도 그렇게 물어봐요. 재밌는 건 이 질문과는 정반대로 "평소에 시

신을 많이 보니까 세상에 무서운 게 없지 않나요?" 하고 묻는 사람도 있다는 거예요. 그런 질문을 받으면 사람들이 세상에서 가장 무서워하는 것 중의 하나가 시체가 아닌가 하는 생각도 들어요.

대답부터 하자면 저는 시신이 전혀 무섭지 않아요. 시체가 꿈속에 나타난다거나 일상생활을 하기 힘들 만큼 감정에 영향을 받는다거나 하는 일도 없습니다. 시신에 대한 두려움이나 공포가 있다면 20년 동안 일주일에 두 번씩, 2천 구에 가까운 시신을 부검하지는 못했을 거예요.

법의학자는 의사이기도 합니다. 의사는 몸이 아픈 환자가 오면 증상을 묻고 그에 필요한 검사를 해서 병을 치료하잖아요. 법의학자에게는 부검이 진료실에서 환자를 만나는 일이나 다름없어요.

다만 환자가 스스로 말을 할 수 없는 시체라는 사실이 다를 뿐이지요. 그래서 무서운 감정보다는 부검을 통해 그 사람이 왜 죽었고, 어떻게 죽었는지를 밝혀내야 한다는 책임감이 더 큽니다. 더군다나 부검 현장은 여러 명의 전문가들이 바쁘게 움직이는 곳이고, 누구 한 명이라도 실수하면 안 되기 때문에 그런 생각을 할 겨를이 없어요.

　부검실은 서늘합니다. 실내 온도도 낮고, 시신과 시신을 올려놓는 스테인리스 테이블도 모두 차가워요. 하지만 시체가 들어 있는 가방을 여는 순간, 제 눈에는 차가운 시신이 아니라 한때는 따뜻한 피가 돌고 심장이 뛰었던 사람이 보입니다. 방금 전에 시체 냉장고에서 꺼냈는데도 말이에요. 왜냐하면 저는 부검을 하기 전에 늘 그 사람의 주민등록증이나 운전면허증 같은 신분증에 있는 사진을 보거든요. 흔히 증명사진을 찍을 때 누구나 그렇듯이 제가 부검해야 할 시신의 주인공도 단정하고 평온한 표정을 짓고 있습니다.

　부검대 위의 사람은 자신의 몸으로 저에게 많은 이야기를 들려줍니다. 부검을 하는 시간은 시신이 들려주는 이야기를 귀 기울여 꼼꼼하게 듣는 시간입니다. 그 이야기를 빠짐없이 잘 듣는 것이 바로 제 역할입니다.

걷다가 넘어졌는데 죽었다고?

말을 할 수 없는 시신이 어떻게 자신의 이야기를 들려줄까요? 바로 몸을 통해서입니다. 죽은 사람은 말이 없다는 말이 있지만, 사실 죽은 사람도 말을 합니다. 그것도 아주 많이요. 법의학자는 죽은 사람의 말을 잘 들어야 합니다. 저는 한 아기가 죽은 몸으로 저에게 들려준 이야기를 아직도 잊을 수가 없습니다.

부검의*로 일한 지 3, 4년째 되던 해 가을이었을 거예요. 먼저 아기가 병원 응급실에 왔던 날로 돌아가 볼게요. 응급실 당직 의사의 증언에 의하면 아기가 병원에 도착했을 때 이미 의식을 잃은 상태였고 호흡도 거의 없었다고 합니다. 보호자는 20대 초

---

* **부검의**: 부검을 담당한 의사라는 뜻. 국립과학수사연구원의 법의관일 수도 있고 대학교 법의학 교수인 법의학자일 수도 있음.

반으로 보이는 엄마였는데, 잠깐 부엌에 가서 분유를 타 왔더니 잘 놀고 있던 아기가 쓰러져 있었고 아무리 깨워도 눈을 뜨지 않아서 병원으로 왔다고 증언했습니다.

여러 검사 후 나온 진단은 '경막하 출혈'이었습니다. 담당 의사는 아기 엄마에게 혹시 아이가 높은 데서 떨어진 적이 있냐고 물었는데, 그런 적은 없었다며 고개를 갸웃하던 엄마가 갑자기 무언가 생각난 듯 이렇게 대답했다고 합니다.

"아…… 그러고 보니 아까 걷다가 넘어져서 크게 울었어요."

그러는 동안 아기의 상태는 더 나빠졌고, 담당 의사는 머릿속의 출혈을 제거하기 위해 응급 수술을 했습니다. 하지만 안타깝게도 아기는 며칠 후 숨을 거두고 말았습니다.

보통 병원에서 치료를 받다가 사망하면 그 병원에서 사망 진단서를 발급합니다. 의사가 사망 진단서에 '병사'라고 쓴 경우에는 가족들에게 시신을 넘깁니다. 그러면 병원이나 장례식장의 안치실을 거쳐 가족들의 결정과 상황에 따라 화장이나 매장 등의 장례 절차를 밟게 되지요.

그러나 이 담당 의사는 아이가 병사, 즉 병으로 죽은 것이 아니라고 판단했습니다. 평소에 머릿속 혈관 질환이 없었으니까요. 그리고 걷다가 넘어져서 머리를 크게 다쳤을 가능성도 매우 적다고 봤습니다. 담당 의사는 고민 끝에 사망 원인을 '외인사'라고 체크했습니다. 외인사는 외부 요인에 의한 죽음을 말해요. 즉, 아기가 외부 요인 때문에 죽었다고 본 거지요.

일반인들은 '넘어져서 머리를 크게 다치면 죽을 수도 있지 않나?' 하고 생각할 수도 있어요. 하지만 의학적 지식이 있는 전문가라면 충분히 의심할 만한 상황입니다.

'경막하 출혈'은 뇌를 둘러싸고 있는 경막이라는 막의 안쪽에서 혈관이 터져서 피가 고인 상태를 말해요. 피가 계속 나와서 뇌와 경막 사이의 공간을 채우면 뇌를 누르게 되는데, 그러면 뇌가 부풀어 올라 머릿속 압력이 높아지고 심하면 혼수상태에 빠질 수 있어요. 경막하 출혈은 노인이라면 넘어지거나 떨어지는 사고로 발생하는 경우가 많고, 젊은 사람이라면 술에 취해 넘어졌거나 교통사고, 폭행 등으로 발생하는 경우가 많습니다.

그러나 영유아의 경우에는 다릅니다. 아기들이 걷다가 넘어져서 경막하 출혈이 발생하는 경우는 거의 없죠. 그보다는 학대에 의해 발생하는 경우가 종종 있습니다. 담당 의사가 주목한 것도 바로 이 부분이었지요. 그래서 최종적으로 사망 원인(이제부터 줄여서 '사인'이라고 할게요.)을 '외인사'라고 판단한 거예요.

사망 원인이 외인사로 판단되면 병원에서는 경찰에 알릴 의무가 있어요.

결국 이 아기의 시신은 가족에게 돌아가지 못하고 병원의 시체 안치실로 들어가게 되었습니다. 아이의 부모는 아이가 죽은 것도 슬픈데 무슨 짓이냐며 격렬하게 항의했지만 곧바로 경찰의 조사가 시작되었지요. 다음 날 경찰의 사건 보고서를 받은 검사는 뭔가 문제가 있다고 판단하고 부검을 지시했습니다.

이 아이의 부검을 제가 맡게 되었어요. 부검을 시작하기 전에 재 본 아이의 키는 채 1미터도 되지 않았습니다. 저는 먼저 아이의 몸을 눈으로 확인했어요. 오른팔과 오른 손목에 멍 자국이 있었습니다. 이 멍은 아이가 살아 있을 때 생긴 손상이었어요. 본격적으로 해부를 하니, 부검 의뢰서에 있는 담당 의사의 의견대로 오른쪽 뇌 부위에 큰 경막하 출혈이 보였습니다. 아이의 머리 왼쪽 관자뼈* 가 부러졌고, 뇌의 오른쪽과 이마엽* 에 경막하 출혈이 있는 것을 눈으로 확인했어요. 손상 위치와 상태를 보았을 때 높은 곳에서 떨어졌거나 벽에 머리를 강하게 부딪친 것 같았습니다. 하지만 높은 곳에서 떨어졌다고 보기에는 뇌 말고 다른 곳에 상처가 없었지요.

* **관자뼈**: 머리뼈 바닥과 옆면 중간 부분에 있는 뼈.
* **이마엽**: 대뇌 반구의 앞부분. 전두엽이라고도 한다.

제가 부검 감정서에 적은 사인은 '머리 손상으로 인한 사망'이었습니다. 머리가 빠른 속도로 움직이다가 갑자기 멈추면서 발생한 손상이었지요. 저는 부검을 지켜본 경찰관에게 아동 학대가 의심되니 부모를 다시 조사해 보는 게 좋겠다고 했습니다.

이 사건은 사인을 비교적 쉽게 찾을 수 있었던 부검이었어요. 아이 엄마의 주장과는 달리, 키가 1미터도 안 되는 아기들이 걷다가 넘어졌다고 해서 머리에 골절이나 출혈이 생기는 경우는 매우 드뭅니다. 특히 젖먹이 아이의 머리뼈는 여러 조각의 납작한 뼈들이 맞물려 있는 구조예요. 아기의 머리 앞쪽을 만져 보면 말랑말랑하게 느껴지는 지점이 있는데 뼈와 뼈 사이가 막으로 되어 있는 '대천문'이라고 하는 부분이에요. 이 대천문 덕분에 아기가 커 가면서 뇌가 자라는 것에 맞추어 머리가 커질 수 있어요. 대천문은 태어난 지 2년 정도가 되면 완전히 닫혀서 단단해져요. 만약 뇌를 둘러싸고 있는 뼈 조각들이 빈틈없이 서로 붙어 있다면 뇌가 자라면서 심각한 문제가 생기겠지요.

이런 구조 때문에 영아의 머리는 어른보다 외부의 충격을 잘 흡수해요. 그러나 아주 강한 힘이 가해진다면 이때는 어른과 마찬가지로 골절, 경막하 출혈 등이 일어날 수 있어요.

수사 결과, 범인은 아이의 엄마로 밝혀졌어요. 아이의 엄마는 고등학교를 갓 졸업한 나이에 임신을 해서 결혼을 했는데, 배우자가 일도 안 하고 매일 술을 마셔서 갈등이 심했다고 합니다. 그런데 그날 아이가 계속 울자 화가 나서 벽에 던졌다고 털어놓았습니다. 그리고 아이가 의식을 잃으니 놀라서 응급실에 데려온 거지요.

이 아이가 몸으로 들려준 이야기는 십수 년이 지난 지금까지도 제 마음속에 선명하게 남아 있습니다.

나의 부검실

 이제 부검이 어떻게 진행되는지 알아볼까요? 다짜고짜 부검실로 들어가 메스를 들고 가슴을 가르는 모습을 상상했다면 틀렸습니다. 물론 부검은 해부를 통해 사인을 밝혀내는 작업이 맞아요. 하지만 그런 장면은 드라마의 재미를 위해 과장된 것이고, 실제로는 사망 현장과 상황에 대한 전반적인 자료를 확인하는 것이 우선입니다.

 "50대 남성이고, 지하철역 계단에서 숨진 채 발견되었습니다. 몸에는 상처가……."

 이런 식으로 부검실 옆의 작은 방에 들어가 경찰에게 사망자에 대한 수사 기록을 들으면서 사망자가 발견된 상태의 사진을 꼼꼼히 살펴요. 평소에 앓던 병이 있었는지, 먹는 약은 무엇인지, 마지막으로 보았을 때 어떤 상황이었는지, 사인을 알기 위해서 필요한 정보를 최대한 확인합니다. 사망 전에 병원에 갔거나 약국에서 약을 샀다면 그것도 모두 기록합니다.

본격적으로 부검이 시작되면 맨눈으로 시신의 상태를 확인하는 작업을 먼저 진행하는데, 이를 검안이라고 해요.

> 부검은 검안과 해부를 통해 종합적으로
> 사인을 규명하는 작업입니다.

시체를 반듯이 눕힌 다음 몸의 앞쪽과 옆쪽부터 관찰해요. 머리부터 발끝까지 몸 전체를 살피면서 피부의 색깔이 이상한 곳이 있는지, 멍이나 상처가 있는지 등 전체적으로 살펴봅니다. 그런 다음 몸을 몇 부분으로 나누어 자세히 살펴보기 시작해요. 얼굴과 머리에서 외상 흔적을 확인하고 머리뼈가 골절되거나 상처 난 곳은 없는지 확인하지요. 눈 안쪽, 코와 콧구멍, 귀와 귓구멍,

이와 입 안쪽의 점막도 살펴봅니다. 머리와 얼굴 부분의 확인이 끝나면 목, 가슴, 배 순서로 내려오면서 관찰해요. 손을 볼 때는 손바닥, 손등, 손가락, 손톱 등을 다 살펴보아야 해요. 발도 마찬가지입니다. 물론 생식기와 항문도 빠뜨리지 않지요. 앞과 옆을 본 뒤엔 시체를 뒤집어서 눕혀 놓고 다시 한번 관찰해요.

검안을 마치면 드디어 해부를 시작해요. 단순히 눈으로 확인하는 것만으로는 부족하기 때문에 몸 안을 들여다보고 종합적으로 사인이나 사망 종류를 밝혀내는 거죠.

가슴과 배 속을 열어서 몸속 장기까지 하나하나 다 꼼꼼하게 살펴봅니다. 전체적으로 해부가 끝나면 장기를 원래 자리에 넣고 잘라 낸 뼈도 최대한 자기 위치에 놓은 다음 피부를 꿰매고 시체를 물로 깨끗이 닦습니다.

해부를 할 때는 대부분 4, 5명이 한 팀으로 움직여요. 저는 보통 법의학교실 연구원 두 분, 그리고 해부 과정을 사진이나 동영상으로 기록하는 조사관 두 분과 함께합니다. 해부에 걸리는 시간은 시신의 상태나 사인에 따라 다른데, 비교적 온전한 상태의 시신이라면 보통 한두 시간 정도 걸려요. 하지만 몸에 상처가 많거나 훼손된 경우, 시신이 부패했거나 총상을 당한 경우에는 훨

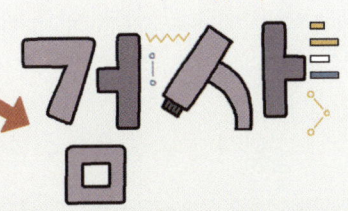

씬 더 오래 걸리기도 해요.

　해부가 끝나면 1차 결과가 나옵니다. 그러나 이것은 맨눈으로 본 소견이기 때문에 아무리 경험이 풍부한 법의학자라고 하더라도 정확한 사인을 알기 위해서는 추가 검사가 필요해요. 해부 못지않게 이 사후 검사도 매우 중요해요. 사후 검사는 해부할 때 채취한 혈액, 체액, 소변, 위 내용물, 모발, 장기의 일부 등으로 해요. 어떤 검사를 할지는 부검을 의뢰하는 기관에서 요청하기도 하고, 부검의의 판단과 필요에 따라 결정하기도 합니다.

　병리학적 검사: 맨눈으로 확인한 질병이나 손상으로 보이는 부분을 현미경으로 꼼꼼히 관찰해요. 신체 조직의 일부를 채취해서 염색한 후 현미경을 통해 분석하는 거지요.

　알코올, 약물, 독물 분석: 부검을 통해 얻은 혈액과 소변 등의 체액을 통해 약물이나 독물, 마약, 알코올 검사 등을 해요.

　유전자 분석: 사망한 사람의 혈액이나 체액, 뼈를 채취해 유전자 검사도 함께 실시해요.

　플랑크톤 검사: 익사, 즉 물에 빠져 죽은 시체를 부검할 때 반드시 하는 검사예요. 만약 익사한 시체가 발견되면 정말 익사한

것인지, 먼저 살해당한 후 물에 던져졌는지를 판단해요. 검출된 플랑크톤의 종류와 양에 따라서 익사한 장소, 익사 당시의 상황 등을 알 수 있어요.

일반적으로 부검은 검안-해부-사후 검사의 순서로 진행되지만, 법의학자마다 자신이 선호하는 방법대로 하기도 하고, 사건에 따라 순서나 정도, 범위나 방법이 달라지기도 해요.

이렇게 사후 검사를 하고 검사 결과의 분석이 끝나면 부검 감정서를 씁니다. 사망 상황, 시체 발견 현장의 상태, 맨눈으로 관찰된 발병이나 손상 상태, 현미경으로 관찰된 사항, 혈액이나 소변 등에서 얻은 알코올, 약물, 독극물 검사 결과, 유전자 검사 등 실시된 모든 검사 결과를 기록해요. 그런 다음 최종적으로 사망에 이르게 된 원인을 제시하고 어떠한 논리적 과정으로 이러한 판단과 결과를 이끌어 냈는지를 적습니다. 최종 부검 감정서는 앞서 언급한 모든 검사가 완전히 끝난 후에 작성하기 때문에 대략 2, 3주 정도 걸립니다.

법의학의 전망은 최악?

저는 서울대학교 의과대학에서 법의학을 전공했어요. 사실 고등학교에 입학할 때만 해도 법대에 가고 싶었어요. 어렸을 때부터 책 읽기를 꽤 좋아했고, 이과보다 문과가 적성에 맞았거든요. 특히 수학을 너무나 싫어했어요. 하지만 부모님께서는 제가 의대에 가기를 바라셨지요. 가족이나 가까운 친척 중에 의사가 한 사람도 없었기 때문에 '그렇다면 내가 우리 가족 중 처음으로 의사가 될까?' 하는, 뭐랄까 약간의 도전 정신도 있었답니다.

처음 의대에 들어갔을 때는 당연히 임상 의사가 되려고 했어요. 임상(臨牀)이란 '병상에 임한다'라는 뜻으로, 임상 의사는 직접 환자를 만나 진단하고 치료하는 의사를 말해요. 여러분이 병원에 가면 흔히 만날 수 있는 내과 의사, 소아과 의사, 피부과 의사는 모두 임상 의사예요. 저는 정형외과나 감염 내과 의사가 되고 싶었지요. 그런데 졸업하기 전 마지막 학기에 어떤 수업을 듣고 진로를 바꾸었어요. 그 수업이 바로 이윤성 교수님의 법의학 과목이었지요. 지금도 그렇지만 법의학은 의대생들이 가장 선택하기를 꺼리는 과목이었어요. 당시 수업 중에도 교수님은 법의학을 전공하려는 제자가 10년째 한 명도 없다고 하셨어요.

저는 평소 강의실 셋째 줄 구석에 앉아서 책과 칠판만 쳐다보던 학생이었어요. 그런데 교수님이 "법의학을 공부하려는 제자가 없어."라며 걱정하는 말에 저는 고개를 번쩍 들었습니다. 그리고 선생님과 눈이 딱 마주쳤어요. 마치 '제가 할게요!'라고 손을 든 것처럼 말이죠. 어쩌면 제 기억이 잘못되었을 수도 있어요. 그때 강의실에 학생이 거의 200명쯤 있었거든요. 하지만 제가 나중에 교수님 방으로 찾아가 법의학을 전공하고 싶은데 앞으로 전망이 어떠냐고 여쭤봤을 때 교수님이 뭐라고 대답했는지는 아주 또렷하게 기억하고 있습니다.

"최악이야."

저는 잘못 들은 줄 알았어요. 하지만 교수님은 어떠한 미사여

구도 없이 다시 한번 말씀하셨어요.

"지금이 최악이라는 말이야. 그니까 더 나빠질 일은 없다는 거지. 앞으로는 좋아질 일만 남은 거 아닐까?"

얼떨떨했지만 저는 그 말을 듣고 법의학자가 되기로 결심했어요. 교수님도 십몇 년 만에 받은 제자라고 아주 기뻐하셨고요. 믿거나 말거나 저는 그 순간부터 지금까지, 죽음을 직접적이고 지속적으로 경험해야 하는 법의학자가 된 것을 후회한 적이 한 번도 없습니다.

다들 꺼리는 과목인데 왜 법의학을 전공하셨어요?

법의학 수업이 너무 재미있었거든요. '공부해 보고 싶다!' 하는 생각으로 가슴이 쿵쿵 뛰었어요.

나의 첫 부검

　의대생이라면 누구나 해부학 수업을 들어요. 학교마다 조금씩 다르지만 대개는 본과 1학년부터 실습을 겸한 수업을 들어야 하는데, 책이나 영상 등을 찾아 보면서 미리 마음의 준비를 해도 해부학 수업을 몹시 힘들어하는 친구들이 있어요. 물론 아주 덤덤한 친구들도 많고요. 저는 덤덤한 쪽이었습니다. 해부된 시신이 끔찍하다는 감정보다는 해부된 시신이 말해 줄 정보가 더 궁금하고 흥미로웠어요. 나중에 스승님께 이런 얘기를 하니 그거야말로 법의학자가 갖춰야 할 기초 자격이라고 하시더군요.

　법의학을 하기 위해서는 병리학 공부가 필요해요. 병리학은 병의 원리와 본질을 연구하는 기초 의학입니다. 병리학 레지던트 4년 동안 저는 수많은 환자들의 병을 연구했습니다. 현미경과 맨눈으로 이 질병이 무엇인지를 판단해야 하기 때문에 실험실에서 살다시피 했지요. 그래도 저는 병리학이 아주 재미있었어요. 질병을 잘 알아야 실제 부검을 했을 때 어떤 질환인지 어떤 손상인지 정확한 사인을 파악할 수 있기 때문에 꽤 보람이 있습니다.

> 병의 이치를 따지는 병리학은 법의학자에게 매우 중요한 학문입니다.

병리학 전문의 자격을 따고 대학원에 입학하면 실제로 부검을 하면서 좀 더 깊게 공부합니다. 저의 첫 부검은 에이즈* 환자였어요. 이 환자는 범죄로 인해 죽은 것이 아니라 질병으로 사망한 경우였기 때문에 그 사망의 원리를 알기 위해 시행하는 부검

---

* 에이즈(AIDS): 후천 면역 결핍증. 인간 면역 결핍 바이러스(HIV)로 감염되며, 면역 세포가 파괴되어 면역 기능이 떨어지고, 그 결과 각종 감염성 질환과 종양이 발생하여 사망에 이르는 병.

이었습니다.

지금은 예방약도 있고 치료약도 개발되었지만, 제가 첫 부검을 했던 1999년 당시 에이즈라는 말은 공포 그 자체였어요. 하지만 저는 에이즈 환자 부검을 한다는 말에 선뜻 손을 들었습니다. 어차피 계속 법의학을 연구하기로 마음먹기도 했고, '내가 아니면 누가 하겠어!'라는 책임감도 있어서 담담하게 지원을 했지요. 같이 하겠다는 동기도 있어서 든든한 마음도 있었고요.

우리는 부검을 시작하기 전에 부검실 전체를 항균 비닐로 뒤덮고 아무도 들어오지 못하게 경고문을 여러 군데 붙이는 등 아주 거창하게 준비를 했습니다. 그런데 정작 문제는 부검을 시작하고 얼마 지나지 않아 발생했어요. 같이 부검을 하던 동기가 날카롭게 잘린 갈비뼈에 손을 찔린 거예요. 결혼한 지 한 달밖에 안 된 친구였는데, 저도 친구도 몹시 당황했습니다.

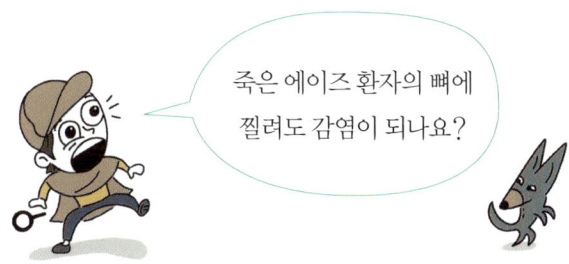

에이즈 환자가 사망하고 시간이 지나면 인체 내의 바이러스도 죽기 때문에 감염력이 떨어져요. 하지만 예외의 경우도 있으니까 안심할 수는 없었죠. 실제로 사체에 감염증이 있다고 의심되는 경우에는 일정 기간 동안 부검을 미루기도 해요. 더구나 치료하기 어렵거나 아직 정보가 별로 없는 신종 감염병의 경우에는 정보가 많지 않으니까 더욱 조심해야 합니다.

이 환자는 에이즈 치료를 받다가 사망했는데, 사실 그때 저는 부검을 하면서도 부검을 해야 하는 이유를 잘 몰랐어요. '죽기 전까지 치료를 받으면서 시티(CT)도 찍고 엠아르아이(MRI) 검사도 하고, 혈액 검사를 비롯해서 온갖 검사와 연구를 다 했을 텐데 뭘 더 알아내겠다고 부검을 하는 걸까?' 하고 갸우뚱했지요.

그런데 부검 감정서를 쓰고 그 결과를 발표하는 날, 저는 깜짝 놀랐습니다. 평소에는 올려다보기도 까마득한 감염 내과, 호흡기 내과 대선배님들과 교수님들이 호기심이 가득한 눈으로 저의 발표를 기다리고 있었기 때문이에요. 그분들은 '에이즈 환자의 부검 사례'라는 새로운 의학 정보 앞에서 마치 신입생 같은 진지한 표정으로 저를 쳐다보고 있었습니다. 그제야 저는 의학이 발전하는 데 법의학이 얼마나 큰 도움이 되는 학문인지를 알게 되었어요. 그리고 평생 천직으로 삼아야겠다는 결심을 하게 되었지요.

아, 제 동기는 다행히 한 달 뒤에 나온 검사 결과에서 에이즈 음성 판정, 그러니까 에이즈에 감염되지 않았다는 판정을 받았답니다. 물론 아주 초조한 한 달을 보내야 했지만요.

Q 묻고 A 답하고
법의학자가 되려면 어떻게 해야 하나요?

우리나라에서 법의학자가 되려면 먼저 의과대학에 들어가야 해요. 의대는 6년제인데, 졸업을 하고도 전공 학과를 정해서 인턴 1년, 레지던트 4년의 실무 과정을 거쳐야 합니다.

법의학자로 진로를 정하면 레지던트 과정에서 병리학을 공부하고 병리학 전문의가 된 후, 법의학 대학원에서 박사 과정을 밟아요. 우리나라에는 서울대학교, 고려대학교, 부산대학교, 건국대학교, 연세대학교, 경북대학교, 이렇게 6곳에 법의학 대학원이 있는데, 이 대학원들의 법의학교실에서 실제로 부검 실무 경험을 쌓으면서 법의학자가 됩니다. 치과 의사는 법치의학자가 될 수 있어요. 법의학자와 다른 점이 있다면 치과 의사는 병원에서 치과 의사 일을 하면서 법치의학과 관련된 일을 할 수 있어요.

법의관이라는 말 들어 봤나요? 우리나라 국립과학수사연구원에서 일하는 법의학자는 법의관이라고 불러요. 법의관도 법의학자와 하는 일은 비슷해요. 법의학자는 연구와 강의를 더 많이 하고, 법의관은 국

립과학수사연구원의 수사에 필요한 부검을 더 많이 하지요.

의대나 의학전문대학원을 가지 않고도 법의학과 관련된 일을 할 수 있어요. 검시조사관과 법의간호사가 바로 그런 직업이에요. 검시조사관은 의료 관련 대학을 졸업하고 의료기술사 자격을 취득해야 해요. 경찰청 과학 수사 관련 기관, 국방부의 과학수사연구소, 국립과학수사연구원 등에서 과학 수사와 관련된 일을 합니다.

법의간호사가 되려면 먼저 간호사 면허가 있어야 하고 대학원에서 석사 학위를 얻어야 해요. 그런 다음 '법의간호사 자격증 시험'을 치르면 법의간호사가 될 수 있어요.

법의간호사는 성폭력 피해자를 지원하는 해바라기센터에서 일하거나 경찰이나 국립과학수사연구원의 과학 수사 요원, 검시조사관으로 일할 수 있어요.

2장 과학으로 범인을 밝힌다

- 뱀과 저울
- 우리나라 법의학의 시작
- 법의학의 여러 분야

뱀과 저울

법의학자는 법도 공부해야 하는 거죠?

정말로? 공부할 게 무지무지하게 많겠네요?

다행히 의학만 공부하면 됩니다. 법의학자는 의사니까요.

한 마리 혹은 두 마리의 뱀이 감긴 지팡이가 의술을 상징한다는 것을 알고 있나요? 뱀 한 마리가 있는 지팡이는 아스클레피오스의 지팡이이고, 뱀 두 마리가 꼬이면서 기어오르는 지팡이는 그리스 신화에 나오는 그 유명한 헤르메스의 지팡이예요.

아스클레피오스는 아폴론의 아들이자 그리스 신화에 나오는 의술의 신이에요. 병을 고치는 기술이 얼마나 뛰어났던지 '죽은 사람도 되살리는 아스클레피오스'라고 불렸답니다.

의사라면 누구나 알고 있는 히포크라테스 선서[*] 원문에도 "나는 의술의 신 아폴론과 아스클레피오스와 히기에이아와 파나케이아를 비롯한 모든 신들께 맹세코 나의 능력과 판단에 따라 다음 선서와 약속을 지키겠습니다."라는 구절이 등장해요.

뱀이 의술의 상징이라는 개념은 현대까지 이어져서 뱀이 기어오르는 지팡이를 대표 상징 마크로 사용하는 의료 단체들이 아주 많답니다. 세계 보건 기구(WHO), 영국 왕립 육군 의료단, 우리나라 국군의무사령부의 상징 마크에도 뱀과 지팡이가 있습니다.

[*] **히포크라테스 선서**: '의학의 아버지'라 불리는 히포크라테스가 쓴 의사의 윤리에 대한 선서문.

세계 보건 기구

그런데 혹시 '법의학'을 상징하는 마크도 있을까요? 있습니다. 게다가 아주 깊은 뜻이 담겨 있어요. 의학을 상징하는 뱀 지팡이에 양팔 저울이 달려 있거든요.

물건의 무게를 정확하게 알려 주는 저울은 '공정함'의 상징이에요. 법은 어느 쪽으로도 치우치지 않고 공정하고 공평하게 적용되어야 해요. 그래서 세계 여러 나라의 법원 앞에는 저울을 든 '정의의 여신상'이 서 있답니다. 로마 신화에 나오는 이 여신의 이름은 유스티티아(Justitia)인데, 정의를 뜻하는 저스티스(Justice)라는 단어도 바로 여기서 유래했어요.

정의의 여신상은 대부분 두 눈을 가린 채로 한 손에는 칼을, 다른 한 손에는 저울을 들고 있어요. 칼은 법과 질서를 깨뜨리는 사람들에게 벌을 주겠다는 뜻이고, 저울은 어느 한쪽으로 기울거나 치우치지 않는 공평함을 뜻해요. 우리나라 대법원 앞에도 정의의 여신상이 있답니다. 다른 나라 정의의 여신상과 어떤 점이 다른지 비교해 보면 더욱 흥미로울 거예요.

다시 법의학의 상징 이야기를 해 볼게요. 의학을 뜻하는 뱀 지팡이와 법의 공정함을 뜻하는 저울이 함께 있다는 것, 이 부분을 잘 기억하면서 다음 질문에 대한 대답을 한번 생각해 보세요.

"법의학은 법학인가요, 의학인가요? 아니면 둘 다 배우는 학문인가요?"

대한법의학회

제가 진로를 고민하는 중고등학생들에게 간혹 받는 질문입니다. '법의학'이라는 용어 때문에 사람들이 많이 오해하는 것 같아요. 제 대답은 "법의학은 법학이 아니라 의학의 한 분야"라는 것입니다.

> 법의학은 법학이 아니라
> 법정에서 필요한 의학이에요.

법의학은 어떤 문제에 대해 법정이 법률 판단을 내릴 때, 의학적으로 돕는 것을 목표로 하는 학문이지요. 법의학자는 의사이긴 하지만 사망한 사람을 대상으로 하고 사인과 경위를 분석한다는 점에서 일반 의사와는 조금 다른 점이 있어요. 쉽게 말해서 법의학자는 시신을 부검해서 경찰이나 검찰이 수사한 자료에 의학적, 과학적인 판단을 제공해서 수사를 해결하는 데 도움을 주는 사람이라고 할 수 있어요.

혹시라도 법의학자를 '의사+수사관' 혹은 '과학자+수사관'으로 생각하면 곤란합니다. 외국 영화나 드라마에서는 법의학자가 직접 사건을 해결하는 수사관을 겸하지만, 우리나라 법의학자에게는 수사권이 없습니다. 우리나라에서 법의학자의 역할은 부검을 통해 법률적인 도움을 주는 것까지이고 수사를 지휘하는 것은 경찰과 검찰의 몫입니다.

우리나라와 달리 미국 법의관은 수사 권한을 가지고 있습니다. 미국은 법의관을 메디컬 이그제미너(ME, Medical Examiner)라

고 부릅니다. 변사체가 발견되면 사건 현장에 ME가 도착하기 전까지 아무도 손을 댈 수가 없어요. 오죽하면 대통령이 와도 ME 라인은 못 넘는다는 말까지 있을 정도예요. 우리나라 법의학자와는 역할과 권한이 완전히 다릅니다.

법의학은 영어로 포렌식 메디슨(forensic medicine)이라고 해요. 여러분도 뉴스에서 휴대폰 포렌식, 디지털 포렌식 같은 말을 들어 보았을 거예요. 휴대폰이나 여러 디지털 기기에 있는 정보를 수집하고 분석해서 증거로 삼는 과학 수사 기법을 일컫는 말입니다. 포렌식(Forensic)은 광장과 공공을 뜻하는 포럼(Forum), 퍼블릭(Public)에서 유래했어요.

원래 포럼은 고대 로마 도시의 중심가에 있었던 공공 집회 광장이에요. 당시 포럼은 왕이나 황제 한 사람이 아니라 국가의 여러 구성원인 '공공'의 의견이 모이는 장소였어요. 이렇듯 여러 사람의 의견을 모은다는 뜻이 담긴 포렌식이라는 말은 오늘날 범죄 증거를 확정하기 위한 과학적 수사를 일컫는 말로 넓게 사용되고 있어요.

법의학을 포렌식 메디슨이라고 하는 것도 의학적이고 과학적인 증거를 통해 범죄를 확정하기 때문입니다.

우리나라 법의학의 시작

대한민국 최초의 법의학자는 국립과학수사연구원의 제1호 법의관이기도 한 문국진 박사입니다. 문국진 박사가 법의학을 공부하게 된 계기는 아주 우연히 찾아왔어요.

한국 전쟁이 벌어진 1950년 여름, 서울대학교 의과대학 3학년이던 문국진은 외출했다가 소나기를 만나는 바람에 급히 헌책방에 들어갔습니다. 비가 그치기를 기다리면서 시간도 보낼 겸 책을 구경하다가 후루하다 다네모노라는 일본 법의학자가 쓴 《법의학 이야기》라는 책을 발견했어요.

법의학이라는 단어를 그때 처음 봤기 때문에 '법의학이 뭐지? 법학인가? 의학인가?' 하고 갸우뚱했다고 해요. 하지만 다음

구절을 읽고 문국진 박사는 그야말로 홀딱 반해 버렸습니다.

'사람에게는 생명도 중요하지만 권리도 그에 못지않게 소중하다. 사람의 생명을 다루는 의학이 임상 의학이라면, 사람의 권리를 다루는 의학은 법의학이다. 법의학은 인간의 권리를 소중히 여기는 문화가 발달된 민주국가에서만 발달한다. 따라서 법의학의 발달 정도를 보면 그 나라의 문화 수준이나 민주화 정도를 알 수 있다.'

그때까지 전공을 정하지 못했던 박사님은 밤을 새워 그 책을 읽고 의사로서 인간의 권리를 다룰 수 있는 법의학자가 되기로 마음을 굳혔다고 합니다. 다행히 그해에 국립과학수사연구원(이후에는 국과수라고 할게요.)이 새로 생겨서 국과수에 들어갈 수 있었어요. 당시 서울대 의대 졸업생 97명 가운데 유일하게 국과수에 지원한 학생이었지요.

과학 수사라는 인식조차 없던 시절이라 법의관은 일반 의사 월급에 한참 못 미치는 월급을 받았는데, 경제적인 것보다 더 어려운 것은 부검에 대한 부정적인 인식이었다고 합니다.

우리나라에는 '두벌죽음'이라는 말이 있어요. 죽은 사람을 다시 죽인다는 말이에요. 한 번 죽은 것도 억울한데 부검을 해서 시신을 절개하는 것은 그야말로 사람을 두 번 죽이는 몹쓸 짓이라고 여겼지요. 그래서 피해자의 가족들은 어지간하면 부검을 하지 않으려 했고, 심지어 압수 수색 영장*을 제시해도 유족들이 부검을 거부하는 바람에 공권력을 동원하여 시신을 빼앗아야 하는 경우도 있었어요. 게다가 부검까지 하면서 사건을 수사할 의지를 가진 수사관도 많지 않았지요.

문국진 박사는 《법의관이 도끼에 맞아 죽을 뻔했다》라는 인상적인 제목의 책을 쓰기도 했는데, 본인이 실제 겪은 일을 담은 책입니다.

문국진 박사가 변사자의 시신을 부검하려고 하자, 변사자의 할아버지가 "내 손자 몸에 칼을 대면 가만두지 않겠다!"라면서 문국진 박사에게 도끼를 던졌다고 해요. 아슬아슬하게 도끼가 빗나갔기에 망정이지 하마터면 큰일이 날 뻔했지요.

대학에 우리나라 최초의 법의학교실을 연 것도 문국진 박사입니다. 박사님은 1976년 고려대에 법의학교실을 만들면서 '사람은 꽃이다. 부드럽게 대하라'라는 슬로건도 직접 만들었어요. 거창하게 인권, 죽음을 내세우지 않고, 인간 중심의 학문이라는 법의학의 정신을 기억하고자 지은 슬로건이라고 해요.

*압수 수색 영장: 압수하거나 수색할 권한을 허가한 서류. 법원에서 발행한다.

법의학의 여러 분야

법의학은 법의병리학, 법의혈청학, 법의독물학, 법의인류학, 법치의학, 임상법의학 등 여러 분야로 나뉘어요.

법의병리학: 외인사나 변사를 대상으로 해요. 왜 죽었는지 상황이나 원인을 알 수 있는 병사나 자연사가 아니면 시신을 부검해야 합니다. 어떤 죽음이 외상이나 질식, 중독 등 신체 외부의 요인에 의한 것인지, 내부적인 요인에 의한 것인지를 부검을 통해 알아내고, 사망의 종류, 사인, 사후 경과 시간, 치사* 방

* **치사**: 죽음에 이르게 함.

법, 사용된 흉기나 독물 등을 밝히는 분야예요.

법의혈청학: 혈액이나 타액(침) 같은 분비물이나, 머리카락, 치아, 뼈 등 인체 조직으로 개인을 식별* 하는 분야예요. 이때 혈액과 관련된 분류법(혈액형 검사, 혈청 검사, 백혈구 검사), 유전자 지문 감식, 머리카락 분류법, 인류학적인 분류법 등이 주로 쓰입니다. 법의혈청학은 감식학 또는 과학 수사학이라고도 하는데, 위와 같은 여러 방법으로 피해자나 용의자, 범인을 알아내는 데 필요한 증거를 찾는 학문이에요.

법의독물학: 약물이나 독물의 중독 작용을 의학적, 법적 입장에서 연구하는 분야예요. 중독을 진단하고 치료하는 것은 물론, 이것을 법의학적으로 처리하는 것을 포함하는 학문이지요. 물질의 종류에 따라 다르지만 요즘에는 보통 1나노그램까지는 어렵지 않게 측정할 수 있습니다. 무언가 의심이 가는 물질이 있다면 거의 다 검출할 수 있는 거지요. 사실 법의독물학에서는 어떤

*식별: 구분하여 알아보는 것.

약물이나 독물이 있는가를 검출하는 것보다 어떤 물질이 쓰였는지를 알아내는 일이 더 중요하고 어려워요. 사람에게 중독을 일으키거나 죽게 하는 물질은 이 세상에 너무 많기 때문이지요.

법의인류학: 인간의 뼈를 가지고 그 뼈의 주인이 어떤 사람이었는지를 밝히는 학문이에요. 지문이나 치과 기록,

의료 기록 등으로 알아낼 수 없는 경우에 뼈를 이용합니다.

미국 드라마 〈본즈〉를 보면 법의인류학자가 어떻게 살인 사건을 해결하는지 잘 알 수 있어요. 법의인류학자와 FBI 요원이 거의 뼈만 남아 있는 시신을 조사해서 사건을 해결하는 장면을 보면 어떻게 이런 천재적인 스토리를 생각해 냈을까 감탄이 나옵니다. 알고 보니 〈본즈〉의 원작 소설을 쓴 캐시 라익스는 노스캐롤라이나대 법의인류학과 교수이면서 캐나다 법의학 센터 소속 법의인류학자였습니다.

법치의학: 신원을 알 수 없는 사람이나 시체가 누구인지 알아내는 학문이에요. 또한 치의학에 관련된 민법상, 형법상의 문제가 된 개인 간의 다툼, 즉 치과 의사와 환자 사이에 발생한 의료 분쟁과 각종 재판상의 문제를 치의학적인 지식을 이용하여 해결할 때도 법치의학이 중요한 역할을 하지요.

법의곤충학: 시신에 붙어 있거나 그 주변에 있는 곤충의 종류와 상태를 파악해서 사망 시각을 추정하고 사인의 증거를 확보하는 학문이에요. 사람이 죽으면 30분 이내로 각종 파리가 달려

들어 눈, 코, 입, 귓속 등의 연약한 부분에 알을 슬어 놓아요. 약 10시간 후면 알에서 구더기가 나와 사체를 분해하고, 대략 1~2주일이 지나면 성충 파리가 되지요. 그 뒤에 벌이나 개미, 송장벌레 같은 딱정벌레 종류가 와서 구더기를 잡아먹어요. 시신이 부패하고 가죽과 뼈만 남으면 수시렁잇과에 속하는 곤충이 찾아오고, 마지막으로는 진드기나 거미, 쥐며느리 같은 곤충이 찾아와요. 이렇게 시간 차를 보이는 곤충의 한살이와 기간, 온도 등을 고려하면 사망 시각을 알아낼 수 있어요. 유명한 〈CSI〉의 길 그리섬 반장이 법의곤충학을 전공한 법의학자예요.

임상법의학: 의료 사고가 일어났을 때 의료 행위가 잘못된 것이었는지, 사인에 어떤 영향을 미쳤는지, 의료진들의 잘못은 없었는지를 판단하는 분야로 의료법의학이라고도 합니다.

임상법의학자는 법의학 중에서 드물게 살아 있는 사람도 대상으로 합니다.

또한 임상법의학자는 얼마나 오래, 얼마나 반복적으로, 어떤 방식으로 폭력을 당해서 그런 상처나 손상이 생겼는지를 판단할 수 있어요. 특히 가정 폭력이나 아동 학대, 연인 간의 데이트

폭력 등 '친근한 파트너에 의한 폭력' 상황에 처한 피해자들이 병원을 찾았을 때 임상법의학자는 폭력의 정도를 판단하는 데 도움을 줄 수 있습니다. 실제로 호주에서는 폭력 행위를 당한 환

자가 응급실에 오면 임상법의학자가 직접 진료를 합니다.

　법의유전학: 범죄 수사 드라마에도 자주 등장하는 매우 흥미로운 분야입니다. 뉴스나 신문에서 20년 전 성폭행을 저지른 범인을 유전자(DNA) 검사로 밝혀냈다거나, 억울하게 옥살이를 한 사람이 유전자 감식으로 누명을 벗었다는 뉴스를 본 적이 있을 거예요. 법의유전학에서는 주로 '이 사람은 누구인지, 어떤 사람인지'를 알아내는 연구를 합니다. 시신 중에서 미라에 대한 연구도 해요. 혹시 미라는 이집트에만 있다고 생각했나요? 시신이 서늘하고 건조한 환경에 방치되면 부패하지 않고 미라가 되는 경우가 많습니다. 신원을 모르는 미라가 발견되었을 때, 그 시신을 분석해서 그가 누구인지, 그리고 언제 사망한 것인지, 당시 어떤 질병에 시달렸으며 그 질병은 현재와 어떻게 다른지 그리고 어떤 음식을 먹고 살았는지를 연구하기도 해요.

　저는 법의병리학을 전공했기 때문에 부검을 통해 얻은 정보를 연구하는 일을 합니다. 즉, 부검을 해서 개별적인 사건을 해결하는 것으로 끝나지 않고 다음 연구의 자료로 삼는 거지요.

예를 들어 볼까요? 건강해 보이던 1세 미만의 아기가 갑자기 사망했어요. 이를 영아돌연사증후군이라고 하는데 정확한 사인이 무엇인지 알아내기 위해서는 부검을 실시하지요.

제가 일하는 서울대 법의병리학 교실에서는 지난 13년간 국내에서 시행한 영아돌연사 부검 사례를 모두 찾아서 각각의 상황을 분석하여 국내에서 발생한 영아돌연사증후군의 주요 원인이 무엇인지 조사하는 연구를 했습니다.

그 결과 우리나라 영아돌연사증후군 사례들은 잠자리에서 수면 중에 발생한 경우가 많다는 것을 발견했어요. 그리고 아이를 따로 재우지 않고 부모와 한 침대를 쓰는 빈도가 높다는 연구 결과를 얻었고 의학 학회에 이것을 발표했지요.

영아돌연사증후군의 정확한 원인은 아직 밝혀지지 않았어요.

빨리 원인을 알아내서 예방법이 나오면 좋겠어요. 너무 안타까워요.

이렇듯 법의학자는 인간의 죽음과 관련되어 발생하는 다양한 문제를 과학적으로 분석하고, 원인을 밝혀내는 작업을 합니다.

하지만 우리나라 법의학자의 수는 많지 않고, 법의학자를 필요로 하는 곳은 너무 많기 때문에 대부분의 법의학자들은 정말 바쁘답니다. 이 책을 보고 법의학에 관심을 갖는 학생들이 많아졌으면 하는 마음입니다.

우리나라 법의학의 역사가 궁금해요.

우리나라 법의학의 역사는 조선 초기 세종 대로 거슬러 올라갑니다. 물론 당시에는 '법의학'이라는 말을 쓰지는 않았지요.

세종이 즉위한 지 22년째 되는 해인 1440년에 발행한 《신주무원록》이라는 책이 바로 조선 시대의 법의학 교과서예요. 이 책은 중국에서 펴낸 《무원록》에 해석을 달고 중국의 상황이 아닌 조선의 상황에 맞는 내용을 더 넣어 펴낸 책인데, 제목부터 없을 무(無)와 원통할 원(冤)을 써서 '원통함이 없게 하라'라는 뜻을 담고 있어요.

《신주무원록》을 읽어 보면 정말 흥미진진한 내용들이 많아요. 특히 신체 부위를 세세하게 묘사한 인체 그림과 시신을 검사하고 기록하는 방법이 상세하게 기록되어 있어요.

《신주무원록》에 따르면 살인 사건이 나면 지역의 관찰사가 현장으로 가서 시신을 살펴본 후 검사한 내용과 관련자들의 진술을 적은 사체 검안서를 작성하여 재판에서 활용했다고 해요. 시신을 검사할 때는 반드시 피해자의 가족이나 친척을 참석시켰어요.

　현대 법의학에서 혈흔을 감식할 때 루미놀 용액을 사용하는 것처럼 진한 식초인 '고초액'으로 혈흔 반응을 확인하는 등 조선 시대판 과학 수사 내용이 책에 생생하게 담겨 있어요.

　그로부터 300여 년이 지난 뒤 영조는 다양해진 범죄 수법과 사회의 변화에 따른 수사 내용을 더해서 《증수무원록대전》을 펴냈고, 정조는 한문을 못 읽는 사람들을 위해 한글 해석을 덧붙인 《증수무원록언해》를 펴냈지요.

　이렇게 전해 내려오던 조선의 법의학은 일제 강점기를 겪으면서 잠시 맥이 끊깁니다. 그러다가 어렵게 문국진 교수가 법의학자 1호가 되어 오늘날에 이르게 된 것이죠.

3장 죽은 사람의 마지막 권리

- 사인, SIGN, 死因
- 왜 죽었는가
- 어떻게 죽었는가
- 부검은 사건을 해결하는 열쇠
- 부검으로 뒤바뀐 사건

사인, SIGN, 死因

법의학은 죽은 사람을 위한 학문인 것 같아요.

멋진 표현이네요! 부검은 죽은 자의 마지막 권리라고 할 수 있어요.

역시 법의학자는 멋진 직업이네요.

10년쯤 전 '국내 최초 메디컬 수사 드라마'로 화제가 되었던 〈싸인〉이라는 드라마가 있습니다. 〈싸인〉은 시체에 남아 있는 표시(sign)로 죽음의 원인(死因)을 밝히는 드라마로, 제목을 영어와 한자로 바꾸어도 고스란히 그 뜻이 통해서 더 멋지다는 생각을 했습니다. 드라마이니만큼 다소 과장되거나 극적으로 그려진 요소가 많긴 했습니다. 하지만 법의학자와 법의학 연구원, 법치의학자, 검시조사관 등 이제껏 잘 알려지지 않았던 직업이 등장하는 데다 실제 일어났던 사건을 바탕으로 했기 때문에 시청자들의 반응이 상당히 뜨거웠지요.

 〈싸인〉의 첫 화는 한류 스타인 아이돌 가수의 죽음으로 시작하는데요. 이 가수를 부검한 두 명의 법의학자, 의대 법의학과 교수이며 한국 법의학계의 최고 권위자인 이명한과 국립과학수사연구원 소속 천재 법의학자인 윤지훈, 두 사람은 각자 다른 의견을 내놓습니다.

 "사인은 '비외상성 뇌지주막하 출혈'이고 사망의 종류는 내인성 급사, 즉 자연사입니다."

 "아닙니다! 사인은 '외상성 뇌지주막하 출혈'이고 사망의 종류는 사고사입니다."

 같은 사건, 같은 시신을 부검했는데 두 사람이 진단한 사망의 원인과 사망의 종류가 다릅니다. 의견이 이렇게 다른 가운데 사건이 하나 더 등장하는데요. 여고생이 도로에서 트럭에 치여 사망합니다.

 "사망의 종류는 뺑소니로 인한 단순 사고사입니다."
 "아니요. 사망의 종류는 단순사고사로 위장한 타살입니다."

 이번에도 두 사람의 의견이 다릅니다. 드라마에서 갈등 관계인 두 사람을 극적으로 대비시키기 위해 만든 설정이니까 현실에서 이런 일은 매우 드물다는 것부터 말해 둘게요.
 하지만 드라마에서 이명한과 윤지훈 두 법의학자가 사사건건 사인과 사망의 종류를 두고 대립하는 이유는, 부검에서 사인과 사망 종류를 판단하는 것이 가장 중요하기 때문입니다.

 왜 죽었는가

사인이란 '사람을 죽음에 이르게 한 질병, 병적 상태나 손상'을 말해요. '손상'이라는 의학 용어가 좀 어렵게 들릴지 모르지만 '상처가 나거나 다친 곳이 있다' 정도로 이해하면 됩니다. 세계 보건 기구(WHO)에서는 '죽음을 초래했거나 죽음에 이르게 한 모든 질병, 병적 상태, 손상, 그러한 손상을 일으킨 사고나 폭행'을 사인으로 정의하고 있어요.

사인은 막연한 추상적 개념이 아니라 생물학적 또는 의학적인 구체적 개념입니다.

- 주요 사인은 외상성 뇌지주막하 출혈입니다.

- 사인은 음식 역류로 인한 흡인성 폐렴입니다.
- 사인은 뇌동맥류 파열로 인한 뇌출혈입니다.

사인은 위와 같이 의학적으로 근거가 있고, 과학적으로 타당한 결정이어야 해요. 법의학에서는 사인의 결정이 매우 중요합니다. 죽음에 대한 법적 책임이 있는지, 책임이 얼마나 큰지가 이 결정에 따라 달라질 수 있기 때문입니다.

하나의 시체에 의학적으로 사인이 될 수 있는 질병이나 손상이 여러 개 있는 경우에는 사인을 판정하는 법의학적 기준에 따릅니다. 한 시체에서 치명적인 손상과 질병이 여러 개 발견된다면, 그중 더 치명적인 것이 무엇인지 판단하지요. 대개는 뇌, 심장, 폐의 치명적 손상이 우선적으로 사인이 됩니다.

우선순위를 정하기 어려울 때는 사인을 두 개 이상 쓰기도 해요. 두 가지 이상의 원인이 공동으로 작용해서 사인이 될 때도 있는데, 예를 들어 동맥 여러 개가 동시에 잘려서 피를 많이 흘려 사망했다면 사인으로 '○○동맥, **동맥, ##동맥의 절단으로 인해 다량의 혈액 손실'이라고 표기해요.

만약 머리와 심장에 거의 동시에 총상을 입어 사망한 경우라면 어떨까요? 어느 하나를 사인으로 판정하기 곤란한 경우인데, 여러 곳에 치명적인 상처를 입었더라도 어느 손상이 다른 손상에 비해 더 먼저 사인이 되었는지 판별하여 결정합니다. 각각의 손상을 입힌 가해자가 다를 경우, 사망에 대한 책임이 달라질 수 있기 때문에 중요한 문제입니다.

물론 우선순위를 결정하기 어려운 경우도 많기 때문에 의학적으로 충분히 신중하게 검토해야 합니다.

더 치명적인 손상이나 질병을 사인으로 판정하는 거구나.

어떻게 죽었는가

사인이 의학적인 원인이라면 사망의 종류는 법률적인 원인이라고 할 수 있어요.

사망의 종류는 자연사(병사)와 외인사(자살, 타살, 사고사)로 나눕니다.

자연사는 다른 요인 없이 순전히 질병으로만 사망한 것으로 법률적으로는 병사라고 합니다. 흔히 생각하는 것처럼 나이를 많이 먹고 쇠약해져서 사망하는 것만을 말하는 게 아니고 나이와 상관없이 질병에 의한 죽음을 말합니다.

하지만 직접 사인이 질병이라고 해서 모두 병사인 것은 아니에요. 예를 들어 고혈압 환자가 폭행을 당해 갑자기 혈압이 높아져서 뇌혈관이 터져 뇌출혈로 사망했다면, 직접 사인은 뇌출혈이지만 폭행 때문에 뇌출혈이 발생했기 때문에 폭행 치사라는 외부 원인에 의한 외인사입니다.

외부의 원인으로 인한 질병 때문에 죽었다면 병사가 아닙니다.

조금 복잡한가요? 자, 문제를 하나 내 볼게요. 습관적으로 술을 마시는 만성 알코올 중독자 A씨가 사망했다면 병사일까요, 외인사일까요? 만성 알코올 중독자가 사망했다는 사실만으로는 병사인지 외인사인지 알 수 없어요. A씨가 급성 알코올 중독으로 죽었다면 만성 질환으로 인한 병사입니다. 그런데 A씨가 친구와 술 내기를 하면서 평소보다 술을 더 많이 마시다가 죽었다면 외인사입니다.

뇌전증을 앓고 있는 B씨가 발작으로 욕조에서 익사를 했다면 병사일까요, 외인사일까요?

뇌전증은 뇌 신경 세포가 일시적으로 이상을 일으켜서 갑자기 의식을 잃거나 발작을 하는 병이에요. 익사는 '물에 빠졌다'는 외부의 원인이 작용했으므로 병사가 아니라 외인사가 아닌가 생각하는 사람도 있을 거예요. 하지만 발작이 없었다면 욕조에서 익사하지 않았을 것입니다. 이 경우 비록 익사 때문에 사망했어도 사인은 뇌전증 발작이고 사망 종류는 병사가 됩니다.

외인사는 자살, 타살, 사고사로 나뉩니다. 여기에 분류되지 않는 것은 알 수 없다는 뜻으로 '불상'이라고 합니다.

자살은 사망한 사람 자신에 의한 죽음을 말합니다. 죽을 뜻을 가지고, 죽을 것을 알고 스스로 한 행위의 결과로 죽었다는 조건에 맞아야 해요. 자살은 언뜻 생각하면 판단하기 쉬울 것 같지만 아무리 자살처럼 보여도 의학적으로 확신이 없으면 '불상'으로 판단해요.

당연한 말이지만 자살 자체는 범죄가 아니어도 다른 이의 자살에 관여하는 건 범죄입니다.

타살은 다른 사람에 의한 죽음으로, 크게 살인과 치사로 나눠요. '저 사람을 죽이겠다'는 살해 의지가 있었다면 살인이고, 그럴 의지는 없었지만 상대를 죽음에 이르게 했다면 치사입니다.

사고사는 누군가의 의사와는 무관하게 생긴 죽음을 말합니다. 본인의 실수나 부주의로 인한 사망, 운동 경기 중 사망, 노동 재해나 산업 재해로 인한 사망, 어린이 사고, 의료 사고로 인한 사망 등이 있습니다.

보행자가 길을 건너다가 교통사고로 사망하면 흔히 사고사로 생각하지만 타인의 행위에 의한 사망이므로 타살로 분류해야 한다는 주장도 있습니다. 그러나 세계 보건 기구의 사인 분류표나 사인 통계에서는 사고사로 분류해요. 법률적으로는 가해자인 운전자와 상황을 고려해서 피해자가 고속 도로를 무단 횡단했다면 가해자는 무죄이고, 운전자가 고의로 피해자와 부딪쳤다면 살인죄 또는 과실 치사죄가 적용될 수는 있어요.

법의학적으로 사인을 밝혔더라도 사망 종류를 판단하기는 어려울 때가 많습니다.

물에서 건져 낸 시신을 부검해서 사인이 익사임이 밝혀졌어도, 스스로 물에 뛰어들었다면 자살이고, 술에 취해서 수영하다가 익사했다면 사고사, 누군가 강제로 물에 빠뜨려 죽였다면 타살, 원래 심근 경색을 앓고 있던 사람인데 수영하다가 심근 경색으로 발작해서 익사했다면 병사가 되지요.

> ### 법정에서는 사인보다 사망의
> ### 종류가 더 중요합니다.

 그러니 법의병리학자는 시신을 중심으로 최대한 범죄의 흔적을 찾아내는 것이 중요해요. 그래야 법정에서 자살인지, 타살인지, 사고사인지 밝혀낼 수 있으니까요. '법의학이란 법률적 판단에 도움이 되는 의학적, 과학적 지식을 제공하는 학문'이라는 말이 딱 들어맞는 순간이지요.

부검은 사건을 해결하는 열쇠

사인과 사망 종류 외에도 부검에서 알아내야 할 것으로는 다음과 같은 것들이 있습니다.

누구인가: 신원을 알 수 없는 시신, 변사체가 발견되었다면 일단 누구인지 알아내야 합니다. 신원을 확인하는 가장 간단한 방법은 시신을 알아보는 사람이 확인해 주는 겁니다. 가족이나 친지, 지인들이 죽은 사람의 생김새나 수술 흔적, 문신 같은 신체적 특징을 보고 그 사람이 맞는지 확인해 주면 빠르게 해결되지요. 살아 있을 때 찍은 사진이나 동영상, 옷차림이나 소지품, 장신구 등도 신원 확인을 하는 데 도움이 됩니다.

하지만 이런 방법이 정확하지 않은 경우도 있어요. 종종 이런 일을 겪었다는 경찰에게 들은 이야기인데요, 길거리에서 쓰러져 죽은 사람을 병원 안치실에 모시고 실종 신고를 한 가족들에게 연락해서 시신을 확인하게 했는데, 그중 한 사람이 자신의 남편이 맞다며 울음을 터뜨렸습니다. 나중에 온 다른 가족들도 확인을 했고요. 그래서 그 가족들이 장례를 치르려고 시신을 데려갔는데, 며칠 뒤 남편이 멀쩡하게 제 발로 걸어 집으로 돌아왔다고 합니다. 어떻게 이런 일이 일어날 수 있을까요?

충분히 가능한 일입니다. 시체의 얼굴은 살아 있을 때 얼굴과는 조금 다르거든요. 피부가 마르면서 색이 변하기도 하고, 근육의 긴장이 완전히 풀려 있는 데다 눈을 감고 누워 있으니 달라 보이는 거지요.

게다가 가족이 죽었다는 슬픔과 시신을 확인해야 한다는 두려운 감정 때문에 제대로 알아보지 못하는 경우도 많다고 해요. 그리고 드물지만 보상이나 보험금을 노리고 거짓말을 하는 경우도 있습니다.

시신이 심하게 부패했거나 뼈만 남은 경우, 범죄자가 들키지 않기 위해 시신을 훼손한 경우에도 신원을 확인하기가 어렵습니다. 이런 경우 시체의 상태에 따라 건강 기록이나 방사선 사진, 치과 기공물이나 치과 방사선 사진, 혈액형 검사, 디엔에이(DNA)검사 등 법의병리학적인 여러 가지 검사를 합니다.

지문을 확인하면 가장 간편하고 정확하게 신원 확인을 할 수 있어요. 우리나라에서는 17세가 되어 주민등록증을 발급받을 때 열 손가락의 지문을 모두 등록하는데, 이 정보는 고스란히 경찰청의 데이터베이스에 보관되거든요. 개인 정보를 침해한다고 지문 등록을 반대하는 의견도 있지만, 변사자의 신원을 확인하거나 범죄를 밝히는 수사에서는 중요한 자료임을 부정할 수 없습니다.

DNA 감식법은 결정적인 자료이기는 하지만 시간도 오래 걸리고 비용도 많이 든다는 단점이 있어요. 변사자의 신원을 확인하기 위해 DNA 감식을 할 때는 유가족이라고 주장하는 사람이나 유가족들의 DNA를 채취해서 검사를 해야 하는데, 검사 결과가 일치하면 다행이지만 그렇지 않으면 다른 유가족이 나타날 때까지 기다려야 하는 문제도 발생합니다.

언제 죽었는가: 병원에서 사망했거나 사망하는 순간을 목격한 사람이 있다면 사망 시각은 쉽게 알 수 있어요. 하지만 그렇지 않은 경우, 특히 변사 사건이라면 체온, 사후 강직(시신이 뻣뻣하게 굳는 것), 시반(사망 후 시신에 나타나는 붉은 얼룩), 위장 속 내용물, 방광에 고인 소변의 양, 부패 상태 등으로 사망 시각을 추정합니다.

사망 시각을 추정하는 가장 큰 단서는 체온입니다. 사람이 죽으면 1시간당 1도씩 체온이 떨어지고 10시간이 지나면 1시간당 0.5도씩 내려가요. 법의학에서는 직장*의 온도를 두 번 이상 측정하는데 나이나 체격, 외부 기온, 환경에 따라 정확도는 조금 달라질 수 있어요.

사람이 사망하면 혈액 순환이 멈추기 때문에 몸 아래쪽에 혈액이 고여서 피부가 멍든 것처럼 붉은 보라색으로 변해요. 이것을 시반이라고 하는데 사후 30분 이후에 시작되어 2, 3시간 뒤에는 선명하게 나타나고 12~15시간 뒤에 가장 선명해져요.

사후 강직은 보통 12~15시간에 가장 강해지고, 2일 후에는

---

* **직장**: 대장과 항문 사이 부분. 성인의 경우 약 12cm.

느슨해져요. 주변 온도가 높을수록 빨리 경직되고 지속 시간도 짧지요.

음식물은 위에 들어간 지 약 5시간이 지나면 모두 소화돼요. 즉 위가 비어 있는 상태가 되는 거예요. 하지만 죽은 후에도 위액에 의해 소화가 되기도 하고 개인마다 소화 속도도 차이가 나기 때문에 오차 범위가 제법 큽니다.

이런 이유 때문에 부검 감정서에는 '사망 시각은 ○시 ○분'이 아니라 '사망 시각은 ○시에서 ○시 사이로 추정'이라고 씁니다.

사망 시각은 범인을 잡을 때도 중요하지만 억울하게 용의자로 몰린 사람의 알리바이를 위해서도 중요합니다. 사망한 시각이 나오면, 자신이 그 시각에 사망한 사람과 함께 있지 않았다는 것을 증명할 수 있으니까요.

우리나라 법의학에서 사망 시각이 가장 문제가 되었던 사건은 1995년에 일어났던 '치과 의사 모녀 살인 사건'이에요. 1995년 6월 12일 이모 씨가 자신의 가족을 살해한 뒤 집에 불을 지른 혐의로 기소[*]된 사건이죠. 이 사건에서 가장 중요한 쟁점이 바

---

[*] 기소: 검사가 법원에 특정한 형사 사건의 심판을 청구하는 것.

로 피해자들의 사망 시각이었는데, 언제 사망했느냐에 따라 남편이 범인인지 아닌지 알 수 있었기 때문이에요. 당시 남편은 아침 7시쯤에 출근을 했기 때문에 사망 시각이 7시 이전이면 남편이, 7시 이후라면 제3자가 범인일 가능성이 있었어요.

1심에서 남편은 살인과 방화 혐의로 유죄가 인정되어 사형 판결을 받고 구속되었어요. 하지만 2심에서 결과가 뒤집혔어요. 용의자의 변호사가 증인으로 채택한 스위스의 법의학자는 부검 사진을 보고 사후 강직의 정도, 위장 속에 남아 있는 음식물의 양, 시반의 형성 등을 볼 때 사망 시각을 7시 이전이라고 할 수 없다고 증언했어요. 결국 대법원은 최종적으로 무죄로 판결했습니다.

당시 언론에서는 재판 결과를 두고 국내 법의학자가 스위스 법의학자에게 패했다느니, 우리나라 법의학의 수준이 한참 부족하다느니 떠들어 댔지만, 사실 법의학자의 입장에서 보면 아쉬운 점이 너무 많은 사건입니다. 우선 사건 현장에 법의학자나 검시조사관이 참여하지 않아 현장이 온전하게 보존되지 못했어요. 목욕물의 온도나 피해자의 체온도 제대로 재지 않았고, 시신이 옮겨지면서 시반이나 사후 강직의 상태도 똑바로 판단할 수 없었고요. 아직까지도 이 사건의 범인은 밝혀지지 않았습니다.

어디서 죽었는가: 사체는 대개 사망한 장소에서 발견되지만 그렇지 않은 경우도 꽤 많아요. 특히 살인 사건의 경우 범인이 수사를 방해하려고 시신을 다른 곳으로 옮기기도 합니다. 예를 들어 다른 곳에서 살해한 후 고속 도로 위로 옮겨 교통사고로 위장한다거나, 강이나 바다에 빠뜨리거나, 추락사로 위장하기 위해 높은 곳에서 떨어뜨리는 거죠. 범인은 나름대로 꾀를 낸 셈이지만, 사체에는 그 증거가 고스란히 담겨 있는 경우가 많습니다.

법의학자는 부검을 통해 진짜 사망한 장소가 어디인지 밝혀 냅니다.

부검으로 뒤바뀐 사건

 단순한 익사 사고로 신고되었지만 부검을 통해 살인 사건으로 밝혀진 경우가 있어요. 2012년에 발생한 '홍천강 살인 사건'인데요, 남편과 함께 홍천강에서 여름 휴가를 즐기던 40대 여성 박모 씨가 물에 빠져 사망한 사건이었습니다. 남편의 신고를 받고 119 구조대가 출동했지만 아내는 이미 숨진 상태였고, 경찰은 별다른 의심 없이 익사 사고로 처리했지요. 그런데 사망자의 큰딸이 경찰에 수사를 의뢰했어요. 큰딸이 범인으로 의심한 사람은 엄마의 남편, 그러니까 10년 전 자신의 엄마와 재혼한 새아빠였습니다.

 결국 장례식 마지막 날 화장하기 직전, 박 씨의 시신은 부검대 위에 눕게 됐습니다. 담당 부검의는 저도 잘 아는 후배였는데요, 꼼꼼하기로는 대한민국에서 다섯 손가락 안에 들 정도로 성실한 법의학자입니다. 전체적인 부검 소견은 아래 부검 감정서에 나온 것과 같습니다.

이 부검 감정서를 보고 제가 사건을 재구성해 볼게요.

얼굴에 울혈이 있다는 것이 이상합니다. 울혈이 있다는 것은 정맥에 피가 찼다는 것인데 머리로 피가 쏠렸을 때 나타나는 현상이에요. 그런데 익사하면서 울혈이 생기는 경우는 거의 없거든요. 눈꺼풀의 점 출혈도 마찬가지예요. 점 출혈은 단어 그대로 점 모양의 출혈, 그러니까 빨간 출혈이 점 모양으로 콕콕콕 나타나는 건데요, 익사한 사체에서 점 출혈이 보일 확률은 5퍼센트 미만으로 아주 드뭅니다. 부검을 해 보니 목 양쪽의 목빗근과 그 안쪽의 갑상선 바깥쪽 근육에 출혈이 있었습니다. 누가 이 부위를 세게 눌렀다는 뜻이죠. 머리뼈 깊숙한 곳에 나비뼈 곁굴이라고 하는 공간이 있는데 거기에서도 물이 나왔고 폐에서는 홍천강에서 서식하는 플랑크톤이 발견되었습니다.

> **부검을 하지 않았다면 밝혀지지 않았을 진실이 드러난 것입니다.**

남편은 그 출혈이 아내를 구조하느라 목을 감쌌을 때 난 것이며, 몸의 상처는 사건 전날 아내를 마사지했을 때 생겼을 거라고 말했는데요, 법의학자에게 통하지 않는 아주 뻔한 거짓말입니다. 뒤에서 안았을 경우 몸에 나타나는 출혈의 위치가 다르거든요. 맨눈으로는 볼 수 없지만 현미경으로 보면 다 나옵니다. 또한 사람을 누를 때 나타나는 상처와 남편의 말대로 사람을 끌어올릴 때 나타나는 상처의 모양도 달라요. 마사지로 생긴 상처라는 말도 부검의 결과로 볼 때 전혀 설득력이 없었지요.

남편은 재판에서 무기 징역을 선고받고 현재까지도 교도소에 있습니다. 아내는 자신의 몸에 남은 흔적을 통해 남편의 범죄를 고발했습니다. 증거는 오직 몸에 남은 흔적뿐이었지만 그 흔적이 유일하면서도 결정적이었지요.

한때 서로 사랑해서 결혼했지만 끔찍한 살인 사건의 가해자와 피해자가 된 부부를 보며 복잡한 마음이 들었습니다. 하지만 죽음에 대해 이렇게 감정을 이입하는 시간이 길어지면 곤란합니다. 얼른 직업인 법의학자로 돌아와 다른 죽음과 마주해야 하니까요.

부검을 통해 범인을 밝혀낼 때 법의학자로서 보람을 느낍니다.

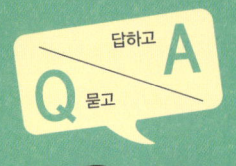

법의학자로서 가장 안타까운 순간은 언제인가요?

제법 자주 받는 질문인데요. 그때마다 생각나는 인물이 있어요. 지금으로부터 2500여 년 전에 활동한 그리스의 작가 에우리피데스의 작품 〈메데이아〉의 주인공 메데이아예요. 메데이아는 콜키스 왕의 딸인데 이아손과 사랑에 빠져서 아버지를 배신하고 이아손과 함께 도망을 가요. 하지만 나중에 이아손이 자기를 배신하고 코린토스 왕국의 공주인 글라우케와 결혼하려고 하자 글라우케와 코린토스의 왕, 그리고 이아손과의 사이에서 낳은 자신의 두 아들마저 죽여서 이아손에게 복수를 해요.

신화나 비극 작품 속에 자주 등장하는 이런 일들이 현실에서도 일어난다면 정말 끔찍하겠지요? 안타깝게도 법의학자인 저는 이런 비극적인 사건들의 부검을 제법 많이 맡았습니다. 특히 아이들을 부검할 때는 정말 가슴이 아파요. 어린아이를 키우는 법의학자들은 더 그렇다고 합니다.

그리고 부검을 하고서도 사인을 밝혀내지 못했을 때 너무나 안타깝

습니다. 아무리 노련하고 경험이 많은 법의학자에게도 어려운 부검이 있습니다. 시체가 부패한 경우가 특히 그래요. 여름철에 현장 보전을 하기 위해 시체를 방치해 놓으면 이삼 일만 지나도 부패가 진행됩니다. 사회적으로 관심이 집중되는 사건인 경우 부검 신청이 빨리 허락되어 불과 몇 시간 안에 부검하는 경우도 있지만 그런 경우는 그렇게 많지 않아요. 고독사인 경우도 마찬가지예요. 혼자 살던 사람이 죽어서 아무에게도 발견되지 않거나 동거인이 있어도 장기간 방치되어 부패가 심한 상태에서 발견되면 정확한 부검을 할 수가 없습니다. 그렇게 되면 자연사인지, 타살로 인한 죽음인지 영원히 알 수 없게 되지요.

4장 완전 범죄는 불가능하다

- 리지 보든 사건
- 33년 만에 잡힌 범인
- 신참 법의학자의 승리

리지 보든 사건

영화나 드라마에 나오는 연쇄 살인 같은 사건 부검도 해 보셨어요?

끝내 범인을 잡지 못하는 사건도 많나요?

그렇죠. 하지만 언젠가 밝혀질 거라고 생각해요. 법의학은 계속 발전하고 있으니까요.

1892년 여름, 미국 매사추세츠주의 작은 도시 폴리버에서 부유한 사업가인 보든 부부가 자신의 집에서 살해당한 채 발견되었습니다. 유력한 용의자로 체포된 사람은 그 집에 같이 살고 있던 둘째 딸 리지 보든이었습니다.

이 충격적인 사건은 신문에 대대적으로 실렸고, 대중의 뜨거운 관심 속에 재판이 진행되었습니다. 이 사건을 맡은 변호사는 매사추세츠 주지사를 역임한 유명 인사였고, 검사는 나중에 미국의 법무장관과 대법원장까지 지냈다고 하니 이 사건에 대한 관심이 어느 정도였는지 추측할 수 있겠죠?

검사는 지하실에서 발견한 손도끼를 증거로 제출했고, 리지가 범행을 저지른 후 도끼 손잡이를 부러뜨려서 벽난로에 태우고, 도끼날은 깨끗하게 닦은 다음 지하실에 숨겼다고 주장했습니다. 도끼날의 모양이나 크기가 피해자 두개골의 상처와 정확히 일치한다는 자료도 제출했지요.

변호인은 리지가 그 도끼를 범행 도구로 사용했다는 증거가 없다고 반박했습니다. 도끼로 공격을 했다면 분명 옷에 피가 튀었을 텐데 사건 당일 리지가 입은 드레스는 아주 깨끗했고, 리지의 물건 어느 것에서도 피가 묻었던 흔적을 찾을 수 없었거든요.

죽은 보든 씨는 동네에서 아주 짠돌이라고 소문이 났을 만큼 평판이 좋지 않았지만 리지는 주말마다 교회에 가서 아이들을 돌보고 자선 단체에서 봉사 활동을 하는 신앙심 깊고 선량한 아가씨였습니다. 리지는 재판 중 증거물로 나온 보든 부부의 두개골 모형을 보고 기절하기도 했어요.

재판에 참여한 12명의 배심원단은 리지의 손을 들어 주었습니다. 배심원단은 이렇게 착하고 연약한 리지가 흉악한 살인을 저질렀을 리 없다고 판단했고, 결국 리지는 증거 불충분으로 석방되었어요.

결국 리지 보든 사건은 미국 역사상 가장 미스터리한 살인 사건 중 하나로 지금까지도 수수께끼가 풀리지 않은 채 남아 있습니다. 아쉽게도 법의학적인 기록은 찾기가 쉽지 않기 때문에 진실을 영영 알 수는 없지만 저는 이 사건의 범인이 리지라고 단정해서는 안 된다고 생각해요. 정말 다른 사람이 범인이라면 리지는 얼마나 억울했을까요? 부모를 한꺼번에 잃은 것도 모자라 살인자로 몰려 재판까지 받고 죽을 때까지 자신을 의심스럽게 바라보는 사람들의 시선을 견뎌야 했으니까요.

사실 범인이 밝혀지지 않았으니까 '보든 부부 살인 사건'이라고 해도 될 것을 130년이 지난 지금까지 '리지 보든 사건'이라고 부르는 것도 너무 억울할 거예요. 심지어 이 이야기는 수많은 나라에서 책과 연극, 영화, 뮤지컬, 애니메이션으로도 만들어졌으니까요.

만약 오늘날 이런 사건이 일어났다면 어떤 결과가 나왔을까요?

오늘날처럼 지문이나 DNA 감식 같은 과학 수사 기법을 적용했다면 범인을 밝힐 수 있었을 거예요.

33년 만에 잡힌 범인

　우리나라의 대표적인 미제(해결되지 않은) 사건 중 하나는 '화성 연쇄 살인 사건'이었어요. 1986년부터 1991년까지 경기도 화성 일대에서 10명의 여성이 희생된 사건으로 영화 〈살인의 추억〉의 모티프가 되기도 했지요.

　화성은 경기도 서남부에 있는 도시인데, 30년 넘게 범죄가 연상되는 도시라는 불명예스러운 고통을 겪었어요. 하지만 2019년 이 사건의 이름은 '이춘재 살인 사건'으로 바뀌었어요. 이춘재가 화성 연쇄 살인 사건 중 4건의 범인으로 밝혀졌기 때문이지요.

　범인 검거의 일등 공신은 DNA 검사였어요. 국과수에 보관되어 있던 화성 연쇄 살인 사건의 증거물에서 채취해 둔 DNA가 있었는데, 그중 몇 가지가 이춘재의 DNA와 일치한 것이죠.

DNA는 그 사람의 모든 것을 결정하는 설계도라고 생각하면 됩니다. 당연히 모든 사람이 다 달라요. 신원을 파악하는 방법으로서 DNA 분석은 굉장히 정확해요.

나와 똑같은 DNA를 가진 사람이 단 한 명도 없다고요?

나의 DNA를 다른 사람과 비교했을 때 같은 DNA형의 조합을 가질 확률은 0.0000000001%입니다.

지금은 아주 흔하고, 일반인들에게도 잘 알려져 있지만 DNA 검사가 시작된 것은 불과 30여 년 전이에요. 1989년 영국에서 처음 시작되었지요. 우리나라에서는 1991년에 대검찰청에 DNA 감식실이 설치되었고 이듬해에 국내 최초로 DNA 감식 기법이 개발되었어요.

　30년 전 화성에서 연쇄 살인 사건이 발생했을 때만 해도 우리나라는 제대로 된 DNA 검출 기술을 갖고 있지 않았어요. 그래서 범행 현장에서 채취한 범인의 것으로 추정되는 체액을 일본의 연구소로 보내 분석 작업을 진행했지요. 당시 경찰은 첫 번째 피해 여성의 체내에서 나온 체액을 일본의 감식 기관에 의뢰했는데 연구소 측의 실수로 증거물이 훼손되기도 했고, 나중에 추가 살인 사건이 발생하면서는 증거물이 부족해지는 당황스러운 일이 벌어지기도 했어요.

　하지만 2010년 범죄자 DNA 데이터베이스가 만들어지자 상황이 달라졌어요. 범죄자 DNA 데이터베이스란 범인이나 증거물에서 나온 유전자형을 데이터베이스에 입력한 자료를 말해요. 국과수에는 범죄 현장에서 수집한 수십만 건의 증거물들을 보관하는 보관실이 있어요. 담배꽁초, 머리카락, 피 묻은 옷, 침이 묻은 휴지 등 범인이나 범죄와 관련이 있는 사람들의 DNA가 담겨 있는 증거물들이에요. 혹시나 변질될까 봐 영하 20도로 유지되는 냉동고에 보관합니다. 그중에는 당연히 화성 연쇄 살인 사건과 관련된 증거물들도 있어요.

국과수에 보관 중인 증거물과 범죄자들의 DNA 정보가 담긴 데이터베이스를 연결해 봅시다.

이춘재는 1994년 살인죄로 무기 징역을 선고받고 교도소에 있었어요. 화성 연쇄 살인 사건이 아니라 다른 살인 사건으로 수감 중이었죠. 그런데 2019년 9월에 DNA 대조로 유력 용의자가 이춘재라는 것을 밝혀냈어요. 그리고 보름쯤 뒤에 이춘재는 자기가 화성 연쇄 살인 사건의 범인이라고 자백했어요.

과학 수사의 발전으로 33년 만에 미제 사건이 풀렸습니다.

하지만 기술이 이렇게 발전하기까지 안타까운 피해자들이 많았어요. 끝내 범인을 잡지 못한 범죄의 피해자뿐 아니라 억울하게 범인으로 몰려 감옥에 가야 했던 사람도 있었지요. 실제로 화성 연쇄 살인 사건을 수사하는 동안 용의자로 수사를 받았던 사람 중에는 20년 넘게 옥살이를 한 사람도 있고, 강압적인 수사에 견디지 못하고 스스로 목숨을 끊은 사람도 있습니다.

DNA 감식 기술이 도입된 30여 년 동안 과학 수사 기술은 놀랄 만큼 발전했어요. 이제는 눈에 보이지도 않을 정도로 작은 크기의 증거물에서도 DNA를 채취할 수 있고, 아주 적은 양의 체액으로도 유전자를 검출하고 확인할 수 있게 되었지요. 범인을 찾기에 유리한 조건들이 점점 많아지고 있는 거예요.

앞으로도 DNA 감식법은 더욱 발전할 것이고, 범죄자들의 지능 또한 높아질 것입니다. 법의학자도 뒤처지지 않으려면 부지런히 연구하고 공부해야 해요.

신참 법의학자의 승리

저는 제가 제법 부지런하다고 생각하지만, 수없이 많이 반복해서 아주아주 익숙해진 일을 할 때 종종 게을러지기도 합니다.

초보 법의학자 시절에는 따로 메모를 하거나 참고 서적이나 영상 자료를 뒤져 확인했을 내용도 '그냥 기억하면 되지.', '한두 번 봤나, 그 내용은 논문 몇 페이지 몇 번째 줄에 있는 것까지 다 외우지.' 하는 식으로 넘기는 거죠. 하지만 떠올릴 때마다 이렇게 게을러지려고 하는 저를 채찍질하게 되는 사건이 하나 있습니다. '만삭 의사 부인 살해 사건'으로 널리 알려진 사건이에요.

이 사건은 우선 제목부터가 자극적이지요. 만삭이라는 것은 출산을 앞둔 8개월 이상의 임신부를 뜻하니까 피해자뿐만 아니라 배 속의 아이까지 함께 죽었다는 것이고, 의사 부인이라는 피해자의 신분이 사람들의 호기심을 자극했습니다.

만삭의 임신부가 자기 집 욕조에서 사망한 채 발견되었습니다. 아내를 처음 발견한 사람은 의과대학을 졸업하고 소아과 레지던트를 하고 있던 남편이었어요. 국과수에서 아내를 부검했는데 다음과 같은 결과가 나왔습니다.

- 목 주변에 손가락으로 누른 듯한 흔적이 보임.
- 눈꺼풀의 결막에 점 출혈이 뭉쳐 있음.
- 목과 턱에 광범위한 근육 출혈이 관찰됨.
- 정수리 두피 아래에 출혈 있음.
- 피해자 손톱에서 남편의 DNA가 검출됨.

국과수는 모든 증거로 볼 때 목이 졸려 사망한 것으로 판단했고, 검찰에서는 국과수 외에도 서울대학교, 경북대학교 법의학 교실에 감정을 요청했습니다. 국내 법의학자들의 의견도 손이나 신체의 일부로 목이 눌려 죽은 것 같다는 것으로 국과수의 판단과 동일했지요.

상황은 남편에게 불리하게 진행됐습니다. 다급해진 남편의 변호사는 캐나다의 법의학자 마이클 스벤 폴라넨을 증인으로 채택했습니다. 마이클 스벤 폴라넨은 당시 토론토대학 법의학 센터장으로, 명성이 높은 법의학자였습니다. 그는 시신을 거꾸로, 그러니까 머리를 아래로 둔 상태로 방치했다가 부검을 했더니 목에 나타난 출혈이 마치 목을 조른 흔적처럼 보였다는 연구 논문을 쓴 적이 있습니다. 아내가 실수로 욕실에서 넘어져서 머리는 욕조 안에, 다리는 욕조 밖으로 걸친 자세로 숨졌다며 자신의 무죄를 주장하는 남편에게는 폴라넨 교수가 구세주 같은 존재였지요. 검찰 쪽 증인으로는 서울대학교 법의학자 이윤성 교수가 출석하기로 했습니다. 저도 스승님을 도와서 재판 준비를 했지요.

드디어 폴라넨 교수가 일주일 간의 여정으로 한국에 입국했고 재판이 시작되었습니다.

예상대로 그는 이번 사건이 전형적인 이상(異常) 자세에 의한 질식사 가능성이 높다고 주장했어요. 시신이 욕조에 누워 있는 자세를 보면 목의 출혈은 시체 얼룩, 즉 시반일 가능성이 있다는 거였죠. 피해자가 욕실에서 넘어지면서 특이한 자세를 하게 되

었고, 그 자세가 지속되면서 질식에 이르렀다는 주장이었습니다.

온 국민의 관심이 쏠린 이 재판에서 용의자 쪽인 폴라넨 교수와 검찰 측 증인인 한국의 법의학자들 사이에 날카로운 주장이 오고 갔습니다. 이렇게 10시간 넘게 싸우던 끝에 결국 폴라넨은 검찰의 의견에 동의했습니다. 우리 쪽에서 제시한 결정적인 증거물을 본 후였지요. 그 증거물은 바로 목이 졸린 부분의 근육 조직으로 만든 병리 슬라이드였습니다.

환자의 진단 결과, 치료 등에 필요한 중요한 정보가 담긴 병리 슬라이드는 병리과 의사라면 지겹도록 많이 만듭니다.

예를 들어 위암이 의심되는 환자가 있으면 위 조직의 일부를 떼어 내서 정확한 검사를 의뢰하는데, 이렇게 떼어 낸 조직으로 병리 슬라이드를 만들어 검사하는 사람이 바로 병리과 의사예요. 조직 검사를 할 때 병리 슬라이드를 만드는 것은 기본입니다.

이 사건의 피해자들을 부검한 법의관은 국과수에 들어온 지 얼마 안 되는 새내기 법의학자였습니다. 어떻게 살인 사건의 부검을 새내기 법의학자가 맡았을까요? 처음에는 모두 이 사건이 무척 간단하다고 판단했기 때문입니다. 아파트의 CCTV를 확인해도 다른 사람이 출입한 흔적이 없었고, 경찰에서 받은 수사 기록을 보아도 남편이 범인인 것이 분명해 보였으니까요.

하지만 이 새내기 법의학자는 이 사건을 쉽게 여기지 않고 정석대로, 배운 대로, 해야 할 모든 일을 했습니다. 병리과 레지던트 시절에 하던 대로 병리 슬라이드도 당연히 만들었죠. 검안이나 해부 과정에서 찍은 사진이 아무리 많아도, 병리 슬라이드가 있어야 훨씬 더 정확하고 과학적인 판단이 가능합니다.

증거물로 제출된 이 병리 슬라이드를 살펴본 폴라넨은 즉시 자신이 틀렸다고 인정했습니다. 아내는 이상한 자세 때문에 질식한 게 아니라 살해당했다는 국내 법의학자의 의견에 동의했고, 게다가 이런 증거물이 있다는 것을 알았다면 한국까지 와서 재판에 참여하지 않았을 거라는 말까지 남겼죠.

결국 남편은 만삭 아내를 살해한 혐의로 징역 20년을 선고받았습니다. 그때 꼼꼼하고 성실한 자세로 병리 슬라이드를 만들었던 새내기 법의학자는 이제는 베테랑 법의학자가 되었고요.

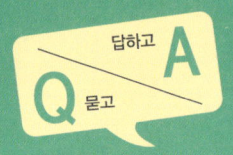

법의학자가 CSI처럼 사건 현장에 출동하기도 하나요?

〈CSI〉는 2000년에 시작되어 엄청난 인기를 끈 미국의 범죄 수사 드라마죠. 이 드라마의 원 제목은 'CSI 과학 수사대'예요. 이 드라마에 나오는 법의학자들은 아무리 복잡하고 어려운 사건이 벌어져도 결정적인 증거를 찾아내서 범인을 꼼짝 못 하게 만들지요. 영국을 비롯한 유럽 여러 나라, 미국은 검시관 전담 제도를 채택했기 때문에 사건이 발생했을 때 시신을 이동하거나 조사하는 일을 경찰이 아니라 법의학 전문가로 이루어진 검시관이 하게 되어 있어요.

하지만 우리나라 법의학자에게는 수사권이 없습니다. 그러니 CSI처럼 사건 현장에 출동하는 일은 없었습니다. 일본이나 우리나라에서는 그 주체가 경찰이나 검사 등 수사 기관이에요. 우리나라에서는 변사 사건이 발생하면 수사 기관이 사건 현장을 조사하고, 범죄와 관련되었거나 그러한 우려가 있는 경우에는 검사에게 보고하고 지휘를 받아요. 검사가 부검이 필요하다고 판단하면 법원에 요청해서 영장을 발부받고, 검찰 또는 경찰은 이를 근거로 법의학자에게 부검을 의뢰

하지요. 이렇게 부검을 실시하기까지 처리 절차가 복잡하다 보니, 부검의가 시신을 보기까지 오랜 시간이 걸려요.

또 검찰이나 경찰이 법의학적 지식을 충분히 갖추지 못한 상태에서 현장을 조사하는 것도 문제가 있어요. 사건 발생 직후, 증거 확보가 중요한 초동 수사에서 증거가 훼손되는 사례가 발생하기도 해요.

하루빨리 우리나라도 부검 결정을 내리는 절차에 법의학자의 과학적, 의학적 조언이 우선적으로 존중되는 제도가 뒷받침되어야 한다고 생각해요.

5장 역사를 바꾼 죽음

- 법정에서 나를 노려보던 범인
- 어느 일병의 죽음
- 탁! 치니 억! 하고 죽었다?

법정에서 나를 노려보던 범인

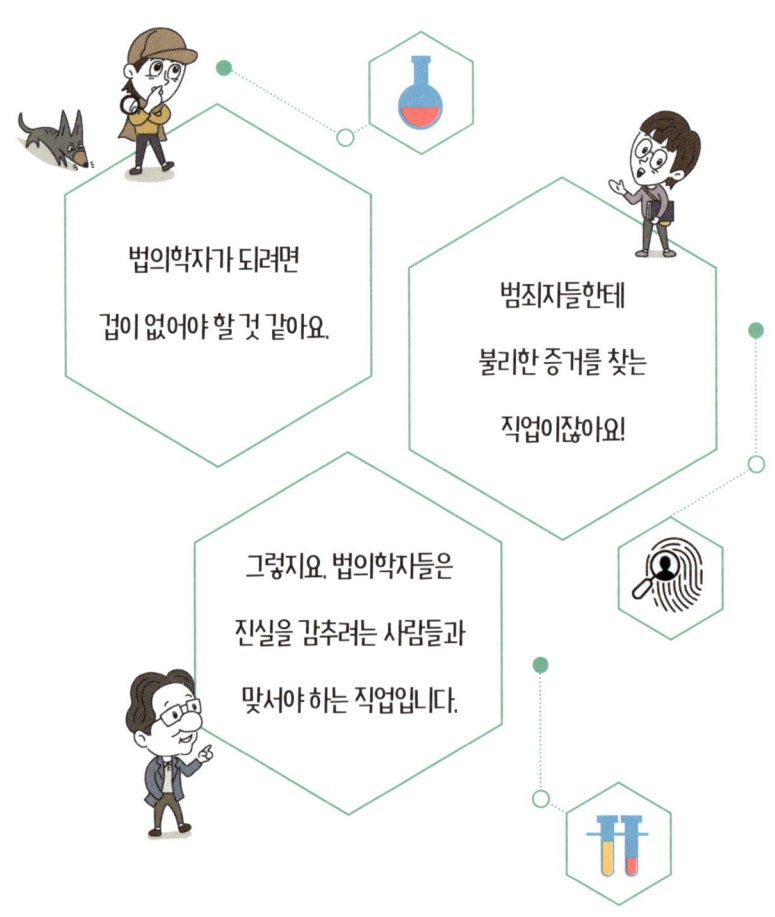

법의학자가 되려면 겁이 없어야 할 것 같아요.

범죄자들한테 불리한 증거를 찾는 직업이잖아요!

그렇지요. 법의학자들은 진실을 감추려는 사람들과 맞서야 하는 직업입니다.

드라마 〈싸인〉을 보면, 두 법의학자는 부검을 끝내자마자 부검실 밖으로 나와서 기다리고 있던 경찰, 검찰 등 사건 관계자들과 기자들에게 부검 결과를 발표해요. 하지만 현실은 조금 달라요. 부검 결과를 빨리 알고 싶어 하는 유가족이나 관계자들에게 간단하게 설명을 하기도 하지만 정확한 부검 결과는 의뢰한 모든 검사 결과가 나온 뒤에 알 수 있기 때문이에요.

특별한 경우가 아니라면 부검은 대략 1시간 정도 걸리지만 부검 감정서를 쓰는 시간은 이보다 몇 배나 더 걸려요. 부검 감정서를 쓰는 일은 상당한 집중력이 필요한 작업입니다. 부검 감정서는 법정으로 가는 경우가 많으니까요.

그리고 부검의도 좋든 싫든 사건의 주요 증인으로 법정에 가야 하는 일이 많아요. 부검의의 증언에 따라 범인의 형량이 달라지기도 하고 결정적인 증언일 경우 재판 결과가 뒤집히기도 하지요. 새내기 부검의 시절에는 부검보다 재판에 출석하는 것이 더 긴장되고 스트레스를 받는 일이었습니다. 흉악한 범인의 코 앞에서 범인이 한 행위(살인)에 대해 증언해야 하니까요.

아무튼 그날도 살인 사건의 부검의로 재판에 출석한 날이었습니다. 범인은 등산을 마치고 산에서 내려오던 여성을 살해했

　는데, 경찰 수사가 진행되자 자수를 했어요. 범인의 진술에 따르면 돈을 빼앗으려고 하자 피해자가 저항하는 바람에 같이 넘어졌다고 합니다. 그런데 하필 여성이 넘어진 곳에 바위가 있어서 머리를 부딪친 것 같다면서, 자기는 도망치느라 피해자가 죽은 줄 몰랐다고 진술했습니다.

　범인이 자수했기 때문에 재판의 쟁점은 범인의 진술대로 피해자가 넘어져서 죽은 것인지, 아니면 범인이 살해하고 거짓말을 하는 것인지를 밝히는 일이었습니다. 재판에서 법의학자의 진술이 매우 중요한 상황이었지요.

"증인! 서울대학교 법의학교실 교수 유성호, 맞습니까?"

재판정에서 증인을 심문할 때 판사는 증인의 이름, 주민등록번호, 주소, 직업을 물어보고 증인이 틀림없는지를 확인해요. 당연히 저에게도 그렇게 물어보셨어요. 그렇다고 대답하고 나니 마음이 조금 불편합니다. 범인이 저의 소속과 이름을 외울 것만 같아서요.

"주소는 @@구 @@동 @@아파트 @동 @호, 맞습니까?"

세상에, 아파트의 동호수까지 물어보시다니 판사가 원망스러울 지경이었습니다. 당황했지만 꾹 참고 부검 결과를 토대로 증언했지요.

"피해자에게 보이는 뇌출혈인 외상성 지주막하 출혈*은 넘어지면서 발생한 것이 아닙니다. 부검한 바에 따르면 피해자 얼굴과 머리에 다량의 피부밑출혈과 함께 대뇌에서 지주막하 출혈이 보입니다. 또한 목의 피부에는 '지두흔'이라고 하는 손가락 끝 모양의 멍이 있고, 목 내부의 연골은 강력한 압박에 의해 부

---

* 지주막하 출혈: 뇌를 감싸고 있는 지주막과 연막 사이의 공간에 피가 고인 상태.

러진 것으로 보입니다. 피해자는 머리에 가격을 당해 뇌출혈이 발생했고, 목에 가해진 압박으로 인해 사망에 이르렀습니다."

그러자 범인이 고개를 들어 저를 쳐다봤습니다. 범인은 다시 자신은 절대 목을 조르지 않았다고 주장했습니다. 제가 부검 감정서에 쓴 사인은 '머리 손상 후 목 졸림에 의한 질식사'였고 판사가 이에 대한 의견을 더 자세히 듣고 싶어 했기 때문에 저는 다시 증언을 이어 갔습니다.

"얼굴과 목 양쪽, 특히 귀밑 부위에 주먹질이나 발길질 같은 강한 외력이 작용했고, 이 외력으로 상부 목뼈가 충격을 받아 이 부위를 통과하는 척추 동맥이 터져서 출혈이 생겼습니다. 넘어져서 부딪친 것으로는 절대 이런 유형의 손상이 발생할 수 없습니다."

상황이 자신에게 불리하게 돌아가고 있다는 걸 알았는지 범인은 제가 진술하는 동안 저를 계속 뚫어지게 쳐다보았어요. 범인이 가끔씩 변호사에게 무언가를 속삭이면 그때마다 변호사가 저에게 다시 질문을 했습니다. 지금이야 경험이 쌓이면서 상당히 익숙해졌지만 그때는 솔직히 양팔에 소름이 돋고 등줄기가 서늘해질 지경이었습니다.

그래서 재판 결과는 어떻게 나왔나요?

누구도 의심할 수 없는 확실한 증거가 있으니 살인죄로 인정되어 처벌을 받았지요.

    재판정에서 범인이 무섭게 노려보는 것보다 더한 일도 일어납니다. 제가 겪은 일은 아니지만 어떤 법의학자는 사건 관련자에게 협박 전화를 받은 일도 있다고 합니다.
    만약 그런 경우가 생겼을 때 어떻게 해야 하는지 법의학자 선후배들끼리 조언을 주고받기도 합니다. 다행히 저에게 범죄 드라마에 나올 법할 일은 아직 생기지 않았지만, 법정 진술은 참 부담스러운 일임이 틀림없습니다.

어느 일병의 죽음

법정에 나갈 때는 그래도 마음의 준비를 좀 하고 가는데, 전혀 예상치 못한 순간에 법의학과 관련된 자문 요청을 받을 때가 있습니다. '윤 일병 사건' 때가 그랬어요. 윤 일병 사건은 2014년 4월 군부대 안에서 윤모 일병이 집단 구타를 당해 사망한 사건입니다.

윤 일병의 부검은 국방부 조사 본부에서 이루어졌어요. 국방부에서는 사인을 '기도 폐색성 질식사'로 발표했어요. 윤 일병과 함께 있던 이모 병장 등 네 사람은 모두 윤 일병이 냉동식품을 먹다가 목이 막혀서 정신을 잃었다고 진술했고, 병원의 기록에도 입안에서 음식물이 관찰되었다고 쓰여 있었어요. 그리고 이

모 병장을 비롯한 네 사람은 윤 일병이 쓰러지자 황급히 심폐 소생술을 하고 병원으로 긴급 이송하는 등 고의로 살인할 의도가 없었다며 살인이 아닌 상해 치사 혐의로 기소되어 수사를 받고 있었습니다.

이 발표를 본 KBS의 윤진 기자는 뭔가 석연치 않은 점이 있다고 판단하고, 부검 감정서를 확보해서 저에게 연락을 했습니다.

평소에 잘 사용하지 않는 연구실 전화가 울려 엄청 놀랐던 기억이 납니다. 전화기 건너편의 목소리가 상당히 다급하게 느껴져서 저는 우선 이메일로 부검 감정서를 받기로 했어요.

부검 감정서를 살펴본 저는 깜짝 놀랐습니다. 도저히 질식사라고 볼 수 없을 만큼 몸 전체의 손상이 너무 심했기 때문이지요. 30분 뒤, 다시 기자와 통화를 했습니다.

"우선 사인은 기도 폐색이 아닌 것으로 보입니다."

"왜 그렇게 생각하시는지요?"

"입안에 음식물이 있다는 것만으로 질식사로 판단할 수는 없고요. 무엇보다……."

사람이 죽으면 온몸의 근육이 풀립니다. 위와 식도의 조임 근육도 풀려서 위에 있던 음식물이 입으로 역류하는 것은 흔한 현상이지요. 심지어 심폐 소생술을 하거나 구급대가 몸을 옮기는 과정에서도 위에 있는 음식물이 입안으로 역류할 수 있으니까요. 무엇보다 결정적인 증거는 질식사라고 하기에는 몸에 상처가 너무 많다는 사실이었습니다. 그것은 너무나 선명한 학대의 흔적이었어요.

사건의 심각성을 파악한 기자는 당장 전화 인터뷰를 요청했습니다. 방송에 나갈 정식 인터뷰를 녹음하자는 거지요.

오후에 전화로 급히 진행된 전화 인터뷰는 바로 그날 밤 9시 뉴스 첫머리에 방송되었습니다.

"외상성 쇼크*의 주요 원인은 순환 혈액량 감소성 쇼크인 경우가 가장 많습니다. 예를 들어 주먹 크기의 조직이 괴멸, 즉 완전히 파괴되면 우리 몸을 순환하는 혈액의 약 10퍼센트를 잃은 것이나 다름없습니다. 따라서 광범위한 조직 괴멸이 일어난다면 쉽게 쇼크에 빠질 수 있습니다. 이번 사건은 기도 질식에 의한 가능성보다 그 가능성이 높다고 판단합니다."

9시 뉴스가 방송된 이후 군 검찰의 추가 조사가 시작되었습니다. 저에게 와서 별도의 진술을 받기도 했고요. 나중에 국과수에서 다시 부검을 했고 '사인으로 광범위한 좌상*에 의한 쇼크를 우선적으로 고려할 수 있다.'는 결과를 발표했습니다. 종아리, 허벅지의 근육이 터지고, 갈비뼈 14개가 부러지고, 거의 모

---

*쇼크: 갑작스러운 자극 때문에 정신적, 신체적 기능에 이상이 생긴 것. 심각할 경우 죽음에 이를 수 있음.
*좌상: 피부 표면에는 손상이 없지만 내부 조직과 장기가 상한 것.

든 장기에 피가 고여 있고, 비장은 아예 터진 상태였던 윤 일병의 몸은 말로 표현하기 힘들 만큼 참혹했습니다. 결국 가해자들은 상해 치사가 아닌 살인죄로 다시 재판을 받았지요.

윤 일병의 몸은 누구도 의심하거나 부정할 수 없는 확실한 증거였습니다. 법의학자는 탐정이나 수사관이 아니기 때문에 느낌이나 촉, 탁월한 추리 능력이 아니라 부검 감정서 같은 의학적, 과학적인 사실로 사건의 진실을 찾습니다.

이로써 원통하게 묻힐 뻔했던 윤 일병 죽음의 진실이 밝혀졌지만, 이런 사건이 다시는 일어나지 않았으면 좋겠습니다. 군대에서는 매년 100여 명이 넘는 사망 사건이 일어납니다. 사회에 진출한 같은 연령대의 젊은이에 비해 사망자의 수 자체는 적지만, 병역을 이행하다 죽은 이의 죽음이 은폐되거나 왜곡된다면 그 사회는 정의로운 사회라고 할 수 없겠지요.

탁! 치니 억! 하고 죽었다?

군대뿐 아니라 정부가 진실을 왜곡하고 감춘다면 어떤 일이 일어날까요? 만약에 내가 유일하게 그 진실을 알고 있는 사람이라면? 그리고 만약 내가 그 진실을 밝히는 순간 직업을 빼앗길 수도 있고 심지어 목숨을 잃을 수도 있으며, 가족이나 친구를 해치겠다는 협박을 받는다면 어떨까요?

어떤 법의학자와 의사에게 실제로 그런 일들이 벌어졌습니다.

서울대학교 인문대학과 중앙도서관 사잇길을 걷다 보면 박종철 열사의 흉상과 마주칩니다. 영화 <1987>에서 배우 여진구가 연기했던 학생이 바로 박종철입니다.

1987년 1월 14일, 서울대학교 언어학과 3학년 학생이던 박

박종철 열사 흉상

종철은 경찰에게 연행되어 서울 남영동에 있는 대공분실에서 고문을 받다가 사망했습니다. '박종철 고문 치사 사건'은 그해에 일어난 '6·10 민주 항쟁'의 도화선이 되었지요.

이 사건은 대한민국의 현대사에서 매우 중요한 사건으로 신문 기사나 방송 프로그램, 영화나 드라마에도 자주 나와서 알고 있는 사람들이 많을 거예요. 저는 법의학자로서 이 사건과 관련된 의사와 법의학자들의 진료, 부검에 관련된 것에 대해서만 이야기를 해 볼게요.

그 사건이 벌어졌을 때 박종철을 맨 처음 만난 의사는 중앙대학교 부속 용산병원 인턴인 오연상이었어요. 남영동 대공분실에서 물고문을 받던 박종철이 의식을 잃자 수사관들이 부랴부랴 의사를 부른 것이죠. 당시 남영동에서 가장 가까운 곳이 중앙대학교 병원이어서 그곳으로 전화를 걸었다고 합니다.

오연상이 남영동 대공분실에 도착해 보니 바닥은 물바다였고 한쪽에는 욕조가 있었다고 합니다. 오연상은 바닥에 쓰러져 있는 박종철을 진찰하고 강심제 주사를 놓은 뒤 1시간 정도 심폐소생술을 시행합니다.

하지만 박종철은 깨어나지 않았고, 이 모든 과정을 지켜보고 있던 경찰이 박종철 군을 중앙대 병원으로 데리고 가자고 말했어요. 오연상은 형사들에게 병원에서도 미리 준비를 해야 하니 먼저 응급실에 연락을 해야 한다고 둘러댄 다음, 응급실 담당 의사에게 전화를 걸어 이 '환자'를 절대로 받으면 안 된다며, 어떻게든 병원으로 오는 걸 막으라고 말했습니다.

오연상의 말에서 뭔가 심상치 않은 일이 벌어졌다는 걸 눈치챈 중앙대 병원은 박종철의 시신이 병원 응급실로 들어오지 못하게 막았습니다.

왜 병원으로 가지 못하게 막은 건가요?

고문을 받다 죽은 것이 아니라 병원에서 죽은 것으로 조작할 거라고 판단한 거죠.

결국 경찰은 국립경찰병원으로 박종철의 시신을 옮기기로 하고 오연상에게 사망 진단서를 발급해 달라고 했습니다.

일반인들은 잘 모르겠지만 사망 진단서는 병원에서 진료를 받다가 사망해서 기록이 남아 있거나 사망하게 된 상황을 의사가 알고 있는 경우에만 써 줍니다. 그렇지 않으면 사체 검안서를 써야 하는데, 의사가 발급한 사체 검안서는 사망 진단서와 동일한 법적 효력을 갖습니다.

오연상은 자신이 도착했을 때 박종철이 이미 사망한 상태였기 때문에 사망 진단서 대신 사체 검안서를 썼고, 사인을 익사 추정, 사망의 종류는 불상(알 수 없음)이라고 기록했습니다. 경찰에게는 부검을 해야 할 수도 있다고 말했지요.

　이틀 뒤, 경찰에서는 기자 회견을 열고 서울대 학생이 조사를 받다가 죽었다고 발표했습니다. "책상을 탁! 치니 학생이 억! 하고 쓰러져서 죽었다."는 말도 안 되는 말을 덧붙여서요. 그런데 경찰의 계획대로 될 수도 있었던 이 사건은 엉뚱한 방향으로 흘러갑니다. 회견장에서 치안 본부장이 실수로 박종철의 사체를 검안한 사람이 중앙대학교 병원 오연상이라고 의사 이름을 말한 거지요. 기자들은 이 말을 듣자마자 중앙대 병원으로 날아갔습니다.

　하지만 박종철을 만나고 온 날부터 오연상은 수사관 3명에게 감시를 당하고 있었기에 기자들은 오연상에게 접근할 수 없었습니다. 그런데 병원 화장실에 몰래 숨어든 한 신문 기자가 오연상 의사의 결정적인 증언을 듣게 되지요.

　"도착해 보니 박종철 군이 누워 있었고 바닥은 물로 흥건했습니다. 복부는 부풀어 있었고 청진기를 대니 폐에서 수포음이 들렸습니다."

　수포음이란 뽀글뽀글 거품이 나는 소리로, 폐에서 수포음이 들린다는 것은 폐에 물이 찼다는 뜻입니다.

다음 날 신문에는 박종철이 경찰의 물고문으로 사망한 것으로 보인다는 기사가 대문짝만 하게 실렸습니다.

하지만 경찰은 사건의 진실을 감추기 위해서 박종철이 병원에서 숨진 것으로 조작하려고 했고, 사인이 '심장 마비로 인한 쇼크사'라고 주장했습니다. 아들의 시신에서 눈에 띄는 상처를 발견하지 못한 박종철 군의 아버지 박정기 씨도 시신을 화장하겠다고 동의했지요.

두 번째로 박종철을 만난 의사는 국과수의 황적준 법의관이

있어요. 부검을 맡게 된 것이죠. 사실 경찰에서는 부검은커녕 한시라도 빨리 장례식을 치르고 시신을 화장해서 사건을 덮으려고 했어요. 하지만 당시 이 사건을 담당하던 서울 지검의 검사가 경찰이 절대 시신을 맘대로 처리하지 못하도록 '사체 보존 명령'을 내리고 부검을 명령했어요.

그렇게 어렵게 실시된 국과수의 부검 결과 나온 사인은 '경부 압박에 의한 질식사'였습니다.

경찰 간부는 '사인을 심장 쇼크사로 발표하라'며 황적준 법의관을 강하게 압박했습니다. 하지만 양심을 지키고 불의와 타협하지 않겠다고 마음먹은 황적준은 이를 거부하고 부검 감정서에 '경부 압박에 의한 질식사'라고 사인을 적은 것이지요.

국과수의 발표로 한 청년의 억울한 죽음이 세상에 알려졌습니다. '박종철 고문 치사 사건' 이후 십여 년 뒤 황적준 법의관은 당시 참혹했던 상황을 이렇게 얘기했어요.

"얼마나 지능적으로 고문을 했으면 겉으로는 상처가 거의 없었지만 몸 안쪽에는 가슴과 목에 선 모양으로 피멍이 있었습니다. 부검하지 않았다면 타살로 판단하기 어려운 상황이었죠."

'박종철 고문 치사 사건'은 1987년에 일어난 '6월 항쟁'의 중요한 계기로 작용했고 우리나라 민주화의 불씨를 지피는 데 결정적인 역할을 했습니다.

법의학자로서 박종철 사건을 생각할 때면 죽음의 힘, 죽음의 사회적 의미에 대해서 생각하게 됩니다.

6·10 민주 항쟁

죽음이란 과연 무엇일까요?

사람들은 죽음은 끝, 죽음은 슬픈 것, 죽음은 허무한 것, 이런 다양한 생각을 합니다. 종교를 믿는 사람은 천국, 지옥, 구원, 윤회, 다른 세계로의 여행 등 다양한 의견을 내놓기도 할 테고요. 하지만 과학자인 저는 생명으로서의 모든 활동이 멈춰 버리는 것이라는 교과서적인 대답밖에 떠오르지 않습니다.

하지만 박종철이라는 평범한 대학생의 죽음은 개인적인 죽음을 넘어 사회적, 역사적 상징이 되었습니다. 슬프고 허무한, 아무것도 아닌 죽음이 아니었지요. 박종철의 죽음을 떠올릴 때마다 저는 법의학은 인권과 정의를 위한 학문이라는 생각을 되새깁니다. 그래서 법의학 수업을 듣는 제자들이나 강연을 통해 저와 만나는 청중들에게도 박종철의 이야기를 합니다. 앞으로도 그의 이름과 그 죽음의 의미를 기억하는 사람들이 많아지기를 바라면서요.

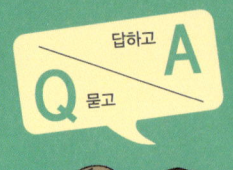

법의학자로서 가장 보람을 느낄 때는 언제인가요?

우리나라에는 법의학자 수가 많지 않지만 법의학자가 된 계기는 다들 다릅니다. 저처럼 평범하게 의과대학에서 병리학을 전공하고 법의학자가 된 사람도 있고, 공대생이었다가 법의학 과목을 듣고 진로를 바꾸어 의대에 들어가 법의학자가 된 후배도 있습니다. 병리학 교실에서 연구하던 학자였다가 실험실에서 현미경을 들여다보는 것보다 시신을 부검하면서 사인을 분석하는 작업이 더 흥미로울 것 같아서 국과수의 법의관이 된 분도 있고요.

제가 아는 법의학자들의 공통점이 있는데, 그것은 바로 법의학을 진심으로 좋아한다는 점입니다. 어쩔 수 없이, 하기 싫지만 억지로 법의학자 일을 하고 있다는 사람은 한 명도 못 봤습니다.

개인적으로 법의학자가 되기를 참 잘했다고 느낄 때는 제가 부검한 내용으로 수사 방향이 바뀔 때입니다. 특별한 외상이 없어서 자연사로 추정했는데 부검으로 타살 가능성을 발견해 다시 수사를 하게 될 때 보람을 느끼지요. 사람을 죽이고 사고를 당한 것처럼 위장한 범인

이 어딘가에서 편안히 살고 있다면 억울하게 죽음을 당한 피해자와 가족들의 억울함을 풀 수 없을 테니까요.

우리나라에 처음으로 법의학과를 만든 국과수 법의관 1호 문국진 교수님은 "하고 싶은 일이나 직업을 결정할 때 '무엇 때문에'라는 말이 들어가면 안 된다."는 말씀을 하셨어요. 돈 때문에, 명예 때문에, 안정된 직업이기 때문에 의사가 되는 것은 오히려 직업에 선택당하는 꼴이라고, 순수하게 자기가 좋아하는 일을 선택해야 한다고요. 너무나 하고 싶고, 설렘이 없어지지 않는 일을 해야 열정이 생기고 그래야 어떤 어려움도 극복할 수 있는 힘이 생긴다고요.

부드러운 것이 강한 것을 이긴다는 오래된 교훈처럼, 박종철 사건에서 진실을 밝혔던 황적준 교수님도 그 순수한 열정을 간직한 법의학자였기 때문에 서슬 퍼런 시대에 맞설 수 있었다는 생각이 듭니다.

6장 죽음을 통해 삶을 배운다

- 사망이란 어떤 상태인가
- 죽을 권리와 살릴 의무
- 영원히 살 수 있다면
- 내 인생의 저장소에는 무엇을 담을까
- 삶을 위해 죽음을 생각한다

사망이란 어떤 상태인가

저는 절대로 영원히 살고 싶지 않아요.

특별한 이유가 있나요? 혹시 심심할까 봐?

아니요! 인간의 수명이 길어지면 학교도 오래 다닐 같아서 싫대요.

드라마나 영화에서 사람이 죽는 순간을 보여 줄 때 나오는 장면은 거의 비슷비슷합니다. 눈꺼풀이 스르르 감기면서 고개를 떨구거나 침대에 걸쳤던 손이 힘없이 툭 떨어지기도 하죠. 병원 침대에 누워 있는 사람과 연결된 기계의 모니터에서 오르락내리락하던 그래프가 수평선을 그리고 숫자는 '0'으로 표시되는 장면도 종종 나옵니다.

　그런데 드라마와는 달리 사람의 죽음은 스위치를 끄면 딱 꺼지는 전자 제품처럼 간단하지 않습니다. 법의학에서는 사람의 죽음을 어떻게 분류하는지 살펴볼까요?

　먼저 사람의 몸이 어떻게 이루어져 있는지부터 알아볼게요. 사람의 몸은 약 60조 개의 세포로 이루어져 있고, 모든 세포마다 각기 특수한 기능이 있습니다. 세포는 모여서 조직을 만듭니다. 몇몇 조직은 일정한 규칙에 따라 모여 장기를 이루지요. 우리가 간, 심장, 폐, 콩팥, 위 등으로 부르는 것이 바로 장기의 이름입니다. 장기는 서로 모양이 다르고 자기만의 기능이 있습니다. 이런 장기 가운데 하는 일이 비슷하고 또 기능적으로 밀접한 영향을 주고받는 것들이 서로 연결되거나 의존해서 계통을 이루고, 계통을 이룬 모든 장기는 일정한 규칙에 따라 하나의 개체, 바로 사람의 몸을 만듭니다.

그렇다면 어떤 순간에 사람의 몸이 죽음에 이르렀다고 말할 수 있을까요?

죽기 전에는 우선 신체의 생명 기능이 극도로 약해져서 살아 있다고 보기 어려운 '가사 상태'가 먼저 옵니다. 뒤이어 주요 장기인 심장, 폐, 뇌 특히 뇌간 가운데 어느 하나라도 기능을 멈추면 개체는 반드시 생명 활동을 중지하는데 이것이 장기사입니다. 장기사는 심장의 박동이 중지해서 결국 개체가 죽는 심장사, 호흡 정지가 먼저 나타나는 폐사, 뇌 특히 뇌간의 기능이 중지하는 뇌사로 분류하기도 합니다. 그중 심장사와 폐사는 오래전부터 죽음의 정의로 사용되었습니다. '심장이 멈추었다'거나 '숨을 거두었다'는 말은 '죽었다'는 말과 같은 뜻으로 쓰입니다.

이렇게 장기가 사망하면 그다음에 세포들이 사망해요. 심장이 멈췄다고 해서 세포가 동시에 다 죽는 것은 아니기 때문에 사망 '직후'에는 각막이나 뼈를 다른 사람의 몸에 이식할 수 있습니다.

정리하자면, 의사들은 다음과 같은 경우 환자가 죽었다고 판단합니다.

호흡 계통 기능이 멈춤: 자발적인 호흡 운동이 멈춘다.

순환 계통 기능이 멈춤: 모든 동맥에서 맥박 감지가 안 되고 심장 박동 또는 심장음이 멈춘다. 혈압이 측정되지 않으며 인공적으로 유지하는 것이 불가능하다.

중추 신경 계통 기능이 멈춤: 의식, 자극에 대한 반응, 각막 반사나 동공 반사가 없다.

의사가 죽음을 판정하면 사망 진단서를 씁니다. 병원에서 진료를 받던 환자가 사망하면 사망 진단서를 발급하지만, 이미 환자가 죽은 다음에 의사가 확인한 경우에는 사체 검안서를 발급합니다. 구급차에 실려서 병원으로 왔지만 이미 사망한 상태라거나 병원이 아닌 다른 곳에서 사망한 뒤에 병원으로 온 경우입니다.

사망 진단서나 사체 검안서는 사망 신고를 할 때 꼭 필요합니다. 사망 후 죽기 직전까지 살았던 동네의 주민센터에 가서 이 서류를 내면 사망자의 모든 권리와 의무는 사라지고 사망자로 확정받습니다. 주민등록증도 이때 반납해야 합니다.

그런 다음 사망 진단서나 사체 검안서는 대법원과 통계청으로 갑니다. 대법원에서는 가족 관계를 정리하고 통계청에서는 사인을 조사해서 사회적 장치를 만드는 기초 자료로 쓰지요. 만약 사람들의 사인 1위가 암이라면 정부가 암을 예방하고 치료하는 데 국가 예산을 더 쓸 수 있는 것입니다. 만약 자살률이 심각한 수준으로 높아졌다면 이에 대한 사회적 안전망을 만드는 데 예산이 쓰일 거고요.

죽을 권리와 살릴 의무

앞서 장기사에는 심장사, 폐사, 뇌사가 있다고 했는데요. 이는 과학적, 의학적인 판단이고 뇌가 죽은 뇌사의 경우 법적으로는 사망으로 판정할 수 없습니다. 우리나라 법에서는 심장과 폐가 멈추는 심폐사를 기준으로 죽음을 판단하기 때문이에요. 이와 달리 미국이나 독일 등 유럽의 선진국에서는 1960년대부터 심폐사가 아닌 뇌사도 법적인 사망으로 인정합니다.

간혹 식물인간과 뇌사를 혼동하는 경우가 많은데 뇌사와 식물인간은 완전히 달라요. 식물인간은 의식을 잃은 상태를 말하는데 기본적인 생명 활동을 담당하는 부분은 살아 있기 때문에 영양 공급을 받으면서 자체적으로 생명을 지속할 수 있고 회복

될 가능성이 있어요.

하지만 뇌사는 호흡, 맥박, 혈압, 체온 등 생명을 유지하는 데 필요한 모든 기능과 뇌의 기능이 멈추어서 되돌아갈 수 없는 상태를 뜻합니다. 그렇기 때문에 뇌사를 판정하는 기준은 매우 엄격해요. 사람의 사망을 선고하는 것이나 마찬가지이기 때문에 여러 번, 여러 사람들의 의견을 종합하여 판정을 내리지요.

간혹 뇌사 판정을 받았던 사람이 얼마 후에 기적적으로 깨어났다는 이야기를 들은 적이 있을 거예요. 하지만 이런 경우는 뇌사가 아니라 식물인간 상태를 뇌사로 잘못 알았거나 뇌사 용어를 잘못 사용한 경우입니다. 지금까지 뇌사자가 깨어난 사례는 단 한 번도 없습니다. 우리나라에서는 뇌사를 죽음의 기준으로 보지 않기 때문에 1990년대 후반이 되어서야 뇌사에 대한 논의가 이루어졌어요. 뇌사 판정을 받았지만, 심장이 뛰고 있으니 살아 있는 것이라고 주장하는 사람들도 많았습니다. 그래서 많은 논란 끝에 1999년에 비로소 '장기 등 이식에 관한 법률'이 제정되었어요. 뇌사를 법적인 사망으로 여기지는 않지만, 이 법률 덕분에 뇌는 죽었어도 아직 뛰고 있는 심장을 심장 질환을 앓고 있는 사람에게 주어 생명을 살릴 수 있게 되었습니다.

뇌사 같은 죽음의 상태가 아님에도 환자나 환자의 가족이 죽을 권리를 주장하는 상황도 있어요.

회복할 가능성이 전혀 없는 환자, 급속도로 증상이 악화되어 생명이 얼마 남지 않은 환자, 오랜 기간 혼수상태에 빠져서 과도한 의료 비용을 지불하기 어려운 환자 등이 그렇습니다.

이런 환자들은 억지로 목숨을 유지해 주는 연명 치료를 멈추고 의료 장치에 의해 살아가지 않을 권리를 주장하기도 해요. 더 나아가 의사 조력 사망, 자발적 안락사 같은 형태로 적극적으로 죽음을 선택하는 사람도 있습니다.

의사 조력 사망은 의사가 일정한 약물을 주입하여 환자를 죽음에 이르도록 도와주는 방식인데, 미국의 일부 주에서는 허용하고 있어요. 영국에서도 의사 조력 자살을 허용해 달라는 요구가 있었지만 제도적으로 받아들여지지는 않았어요. 자발적 안락사는 스스로 사망 약물을 이용하여 죽음을 택하는 것입니다.

의사 조력 사망이나 자발적 안락사 선택은 환자 본인이 하지만 실행은 굉장히 엄격하게 이루어집니다. 스위스의 경우 의사 3명에게 진료를 받았다는 확인서가 필요하고, 우울증 등으로 인한 선택이 아니라는 정신과 의사의 진료가 있어야 하는 등 법적인 절차가 매우 엄격해요.

과연 삶을 의도적으로 중단할 수 있는가에 대한 의견은 사람마다 나라마다 다르겠지만, 우리 사회에서도 깊이 생각하고 논의해 볼 주제입니다.

영원히 살 수 있다면

 '인간은 모두 죽는다.'는 것은 너무나 확실하고 누구에게나 공평한 사실이에요. 하지만 과학 기술이 발달하면서 인간은 이렇게 확실한 죽음에 도전장을 던집니다.

 2019년 과학 잡지 《네이처》에 실린 논문 한 편이 세상을 떠들썩하게 만들었어요. 예일대학교에서 어떤 실험을 하고 이 실험을 토대로 논문을 썼는데, 제목이 〈사후 몇 시간 동안의 뇌 순환과 세포 기능 회복〉이에요. '돼지 뇌 실험'이라고도 하는 이 실험은 다음과 같이 진행되었어요.

 먼저 도축되기 직전의 돼지 32마리의 뇌를 꺼냅니다. 사람의 뇌와 마찬가지로 돼지의 뇌도 물렁물렁한 두부 같은 상태이기 때문에 조심조심 꺼내느라 시간이 오래 걸립니다. 4시간 뒤 돼지의 뇌를 미리 만들어 둔 특별한 상자에 넣고 뇌에 특수 용액을 공급합니다. 결과는 어떻게 되었을까요? 실험한 돼지 70퍼센트의 뇌세포가 다시 살아났습니다. 이 연구는 뇌세포가 죽고 나면 이를 되살릴 방법은 없다는 기존의 죽음에 대한 생각들을 뒤바꾸어 버렸습니다.

사람들은 이 실험 소식을 듣고 자연스럽게 이런 생각을 했을 거예요. '앞으로 과학 기술이 더 발전해서 죽은 지 4시간이 아니라 그보다 더 빨리 뇌를 꺼낼 수 있고, 그렇게 꺼낸 뇌를 다른 돼지의 몸에 이식하는 데 성공한다면 죽은 돼지를 다시 살릴 수도 있지 않을까?' 그리고 이제껏 불가능하다고 여겼던 것을 상상하게 될 겁니다.

이런 상상을 실제 실험으로 진행하고 있는 사람이 있습니다. 자율 주행 자동차로 유명한 테슬라의 CEO 일론 머스크가 운영하는 뉴럴링크에서는 2019년 쥐의 뇌에 3천 개가 넘는 감지선을 심어서 컴퓨터에 연결하는 실험을 했어요. 2020년에는 돼지의 뇌에, 2021년에는 원숭이의 뇌에 칩을 이식하는 실험을 했지요. 뉴럴링크의 궁극적인 목표는 인간의 뇌와 컴퓨터를 연결하는 거예요.

이런 연구의 1차적인 목적은 선천적 질병이나, 파킨슨병, 뇌 손상, 척추 손상, 청각 장애, 시각 장애 등을 갖고 있는 환자들에게 도움을 주기 위해서예요. 예를 들어 시각 장애로 앞을 보지 못하는 사람의 뇌에 컴퓨터 칩을 넣어서 시각 정보를 전기적인 신호로 바꾸어 뇌에 공급한다면, 앞을 보는 것과 마찬가지가 되는 거예요.

더 나아가 사람의 뇌에 칩을 심어서 모든 기억과 정보를 컴퓨터와 연결하고 다른 인간의 몸이나 로봇 같은 몸체를 빌린다면 인간은 영원히 살 수 있는 거지요.

이렇듯 죽음 이후의 두뇌에 대한 연구는 엄청나게 빠른 속도로 진행되고 있습니다.

과학 기술이 계속 발전한다면 인간의 죽

음을 지연시키거나 멈출 수 있고, 심지어 다시 그 과정을 되돌릴 수 있을지도 몰라요.

작가 유발 하라리는 2017년에 이미 《호모 데우스》라는 책에서 기술이 인간을 초월하는 시대에 대해 이야기했어요. 그의 말에 따르면 지금 우리는 호모 사피엔스가 완전히 다른 존재로 대체되는 시대에 살고 있으며, 그 다른 존재란 바로 기술과 데이터로 무장한 호모 데우스라고 말합니다. 데우스는 '신'을 뜻해요.

실제로 인간의 몸을 유전자로 복제할 수 있고 정신은 컴퓨터 알고리즘으로 파악할 수 있다면, 언젠가는 인간을 개조하고 업그레이드하는 세상이 가능해질지도 모르겠어요.

저는 과학자로서 머지않은 미래에 현실이 될지도 모르는 여러 실험이나 연구를 관심을 갖고 지켜보고 있어요. 하지만 여전히 저의 눈길은 먼 미래보다는 현재에 닿아 있습니다. 영원히 사는 것보다는 현재 살아 있을 때 건강하게 지낼 수 있는 생활 습관에 대해 고민하고, 어떻게 품위 있는 죽음을 맞이할 것인가를 계획하는 것이 더 중요하다고 생각하니까요.

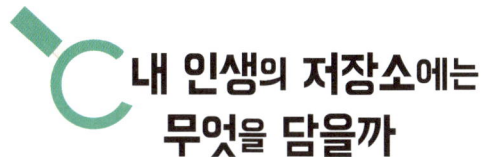
내 인생의 저장소에는 무엇을 담을까

저는 2013년부터 서울대에서 '죽음의 과학적 이해'라는 교양 강의를 하고 있어요. 의대생이 아니어도 들을 수 있는 이 과목을 처음 개설한 것은, 제가 오랫동안 공부한 죽음과 법의학이라는 전공이 잘 어울리는 주제라고 생각했기 때문이에요. 하지만 제 생각과는 달리 학교에서는 반응이 좋지 않았습니다. 20대 초반의 학생들에게 너무 무거운 주제가 아니냐는 것이 그 이유였습니다. 하지만 저는 "죽음을 가까이할 때 역설적으로 삶의 가치를 발견할 수 있다."는 취지로 강의를 꼭 개설했으면 좋겠다고 주장했고 결과적으로는 서울대에서 가장 수강하기 힘든, 마치 케이팝 스타의 콘서트 표를 예매할 때처럼 엄청나게 빠르게 클

릭을 해야 수강 신청을 할 수 있는 강의가 되었습니다.

첫 수업에 들어가면, 이런 경쟁을 뚫고 수강 신청에 성공해서 뿌듯한 표정으로 저를 바라보는 학생들에게 저는 먼저 미안하다고 말합니다. 변사체 부검, 미스터리한 사건, 셜록 홈스를 넘어서는 한국의 과학 수사 현장…… 이런 내용의 강의를 기대한 학생들이 조금 실망할지도 모르니까요. 이 강의는 법의학 강의가 아니라서 법의학에 관한 내용보다는 죽음에 대한 이야기가 많거든요.

그렇기는 해도 '죽음에 대한 자기 결정권'에 대한 내용은 학생들의 관심이 아주 높습니다. 태어나는 것은 내 뜻대로 할 수 없었지만 죽을 때만큼은 주체적으로 계획하고 싶어 하는 것 같아요.

요즈음 미국에서는 '생애 정리 서비스'를 제공하는 회사가 인기라고 합니다. 생애 정리 서비스는 죽음 계획(death planning) 또는 죽음 서비스(death service)라고도 하는데 말 그대로 죽음이 현실로 다가왔을 때 어떤 의료 절차를 밟을지, 장례는 어떻게 할지, 어떤 방식으로 추모되기를 원하는지를 미리 준비해 주는 서비스예요. 자신이 죽은 다음 트위터나 페이스북 같은 SNS 계정에서 친구들에게 보낼 메시지 등을 미리 등록할 수도 있다고 합니다.

고객들의 만족도는 아주 높다고 합니다. 죽음을 미리 준비하면 가족이나 친구에게 부담을 주지 않고 좋은 기억으로 남을 수 있고, 품위 있게 생을 마칠 수 있을 것 같다고 하면서요.

> 어떻게 죽을 것인가를 계획하는 것은
> 어떻게 살 것인가를 계획하는 것과 같습니다.

그럼 어떤 연령대가 이 서비스를 이용할까요? 죽음을 앞둔 사람? 70세가 넘은 사람? 놀랍게도 이 서비스를 가장 많이 이용한 연령은 20대부터 40대였다고 합니다. 이 업체를 만든 사람도 30대의 여성이에요.

'죽음을 계획하다니 차라리 어떻게 살지 고민하는 게 낫지 않을까?' 하고 반문하는 사람도 있을 거예요. 하지만 저의 경험으로는 삶과 죽음은 아주 밀접하게 연결되어 있습니다.

사실 저는 아주 오래전부터 죽음 계획을 해 왔어요. 바로 사전 유언장을 준비한 거지요. 유언장에 남기는 유산을 물질적 유산과 정신적 유산으로 나눈다면 후자가 훨씬 많습니다. 가족이 알아야 할 재정적인 상황이나 재산 같은 물질적 유산 처리 문제는 아내와 상의해서 간단하게 썼고 나머지는 전부 정신적 유산에 대한 유언이에요. 이를테면 저의 장례식 절차나 남은 가족에게 남기는 말 같은 거예요. 저는 수의 대신 결혼할 때 맞춘 양복을 입혀 달라고 했어요. 패션 테러리스트가 되기는 싫으니까 양복에 흰 양말을 신기는 센스 없는 실수는 하지 말라고 몇 번이나 강조했지요.

장례식장에는 제가 좋아하는 노래를 조용히 틀어 달라고 했습니다. 처음에는 루이 암스트롱의 'What a Wonderful World'를 틀면 좋겠다고 생각했는데, 사실 해마다 바뀝니다.

그것 말고도 제가 제 장례식을 위해 특별히 준비하는 게 있습니다. 매년 연말 제 휴대폰으로 짤막한 동영상을 찍는데요, 거기에 가족이나 장례식에 올 지인들에게 하고 싶은 말을 남겨요. 녹화 버튼을 누르고 혼자서 중얼거리면 좀 부끄럽기도 하고 '어휴, 이거 남들이 보면 엄청 오글거릴 것 같은데……' 하는 순간도 있지만 가만히 생각하면 그 영상이 공개되는 것은 제가 죽은 다음일 테고 어차피 나는 못 본다고 생각하니까 용기가 나서 하고 싶은 말이 있으면 다 합니다.

저는 이것을 제 인생의 저장소라고 부릅니다. 죽은 뒤 나를 오랫동안 기억해 줄 사람, 가족들, 친구, 반려동물 등 내가 살아 있을 때 만난 모든 사람들과의 소중한 추억을 저장하는 거지요. 내가 죽은 뒤 저를 아는 사람들은 제 인생의 저장소에 담긴 에피소드를 꺼내 보면서 저를 기억해 주겠지요. 그러길 바랍니다.

죽음 계획이라고 하니 거창할 거라고 생각하기 쉽지만, 오히려 아주 소박합니다. 거창하든 소박하든 저는 사람들이 살아 있을 때 죽음에 대해 더 많이 생각하기를 바랍니다.

사람들은 막연히 '멋지게 살다가 한순간에 불꽃처럼 죽고 싶다.', '식구들과 함께 마지막 저녁 식사를 한 다음 잠이 들어 아침에 깨어나지 않았으면 좋겠다.'라며 어떤 형태의 죽음을 상상하지만, 실제로 그렇게 죽는 경우는 많지 않습니다.

통계에서도 알 수 있지만 우리나라 사망자의 90퍼센트는 병원에서 사망하고, 그중 많은 사람들은 온몸에 주삿바늘을 꽂은 채로 중환자실에서 고통스럽게 지내다가 죽음에 이릅니다. 사랑하는 사람이 죽음을 눈앞에 두고 괴로워하는 순간 곁에 있는 사람들이 할 수 있는 일은 무엇일까 생각해 보세요. 반대로 고통과 두려움을 갖고 죽음을 맞이하는 사람이 그 순간 가장 원하는 것이 무엇인지도요. 저는 학생들에게 이렇게 말합니다.

"사람이 죽어서 심장이 멈추고 숨을 쉬지 못해도 청력을 관장하는 관자엽 쪽에 있는 뇌는 얼마 동안은 살아 있을 수도 있습니다. 울기 전에 귀에 대고 하고 싶은 말을 해 주세요. 사랑했다, 고마웠다, 죽음 너머의 세상이라는 게 정말 있는지는 모르겠지만 나중에 꼭 다시 만나자는 말도 하고요."

어느 해인가 이 강의를 들었던 학생에게 메일을 받았습니다.

아버님이 갑자기 쓰러져서 중환자실에 누워 계시다가 끝내 돌아가셨는데, 임종 직전 중환자실에 갔을 때 수업에서 들은 내용이 생각났다고 합니다. 그래서 의식도 없이 누워 있던 아버지에게 용기를 내서 이렇게 말했다고 해요.

"아빠, 고마웠어. 아빠가 우리에게 했던 것처럼 이젠 내가 엄마랑 동생한테 잘할게. 나중에 다시 만나요. 사랑해요."

그 학생은 아버지가 자기 말을 정말 들으셨을지 확인할 수 없지만 아버지에게 한 말은 자신에 대한 다짐이라고 했습니다.

저는 이 메일을 받고 너무 감동을 받았습니다. 지금도 법의학자로서 너무 많은 죽음을 보며 어쩔 수 없이 죽음에 무덤덤해지려고 할 때 늘 이 학생의 말을 생각하면서 다짐합니다. 죽음에 무디어지지 않고 늘 마음을 벼리는 마음이 단단한 의사, 죽기 전까지 타인의 죽음에 공감하고, 관심을 갖고, 궁금해하는 의사가 되겠다고요.

삶을 위해 죽음을 생각한다

혹시 〈코코〉라는 영화를 보셨나요? 죽음 뒤의 세계에 대한 이야기를 보여 주는 아주 아름다운 애니메이션으로 제가 무척 좋아하는 영화입니다. 열두 살 꼬마 미겔은 우연히 죽은 자들의 마을로 여행을 떠나 그곳에서 죽은 사람들이 살아 있을 때처럼 똑같이 먹고 마시고 노래하며 사는 것을 보게 됩니다. 하지만 그곳에 사는 죽은 사람들에게도 마지막 소멸의 순간이 찾아오는데, 그것은 살아 있는 사람들의 세계에 자신을 기억하는 사람이 한 명도 없을 때입니다. 나를 알던 사람들이 나를 잊으면, 그래서 나를 기억하는 사람이 한 사람도 없으면 죽음 뒤의 세계에서도 살지 못하고 정말로 죽는 것이죠. 그래서 죽은 자들의 마을에

사는 사람들이 가장 바라는 것은 살아 있는 사람이 나를 기억해 주는 것입니다.

제가 〈코코〉만큼 좋아하는 영화가 또 있어요. 바로 〈인사이드 아웃〉이에요. 제가 하는 일의 특성상, 어쩔 수 없이 슬픔이, 버럭이가 찾아올 때가 있어요. 한때 연인이었던 사람에게 살해당한 시신을 부검한 적이 있는데, 칼에 찔린 상처가 100군데도 넘었습니다. 칼에 찔린 상처에 1번부터 100번이 훨씬 넘을 때까지 번호를 매겨 하나하나 기록하면서 저는 인간에 대해 엄청난 실망감을 느꼈어요. 양육자의 학대 때문에 16개월밖에 살지 못하고 세상을 떠난 정인이의 부검 기록을 보았을 때도 그랬습니다. 인간이란 이토록 잔인한 존재인가, 하는 생각으로 하루 종일 기분이 좋지 않았습니다. 인간에 대한 혐오감이 생기려고 할 때, 저는 이런 감정에서 벗어나기 위해 무척 애를 씁니다.

왜냐하면 일에 집중을 해야 하기 때문이에요. 죽음에 과도한 감정을 이입하면 부검을 할 때 공포심을 느끼게 되고, 공포심 때문에 시신을 제대로 보지 못하면 안 되니까요. 그래서 저는 이런 생각들을 머릿속에서 분리하고, 다른 감정들을 불러오려고 합니다. 예를 들자면 〈인사이드 아웃〉에서 기쁨이를 불러내는 거지요. 기쁨이는 저에게 화내지 말라고 위로해 줍니다. 마음이 그렇게 가라앉으면 수십 년간 부검을 하면서 가장 가슴이 아팠던 한 사건이 떠오릅니다. 화재로부터 아이를 지키기 위해서 자신의 몸으로 아이를 꼭 감싸고 죽은 젊은 엄마. 그 엄마의 눈가에 말라붙은 눈물 자국을 떠올리며 인간이란 얼마나 숭고한 존재인지를 기억해 내지요.

여러분들의 머릿속에 있는 감정 컨트롤 본부에는 어떤 감정들이 살고 있나요? 슬프고 화나는 일이 많은 사람이라면 너무 오래 그런 감정 속에 머물지 말기를 바랍니다.

실수하고 잘못한 일이 있다면 얼른 반성하고 잊어버리고 뒤돌아보지 마세요. 왜냐하면 뒤돌아봐야 아무 소용이 없거든요. 옛날 일은 잊고 그냥 앞으로 난 길을 향해서 나아가세요. 너무 앞서서 먼 미래를 생각하면서 떨지도 말고, 걱정하면서 머뭇거리지도 말고요.

기쁨이는 이렇게 말했어요.

"우리가 행복해야 할 이유는 정말 많아."

그러니까 오늘 하루도 행복해야 할 이유를 생각하고, 삶으로서의 죽음을 생각해 보시기 바랍니다.

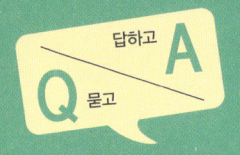

과학이 발달해서 생명 연장을 할 수 있다면 우리의 삶은 어떻게 바뀔까요?

2019년에 돼지 뇌 실험을 했던 예일대 연구팀이 2022년 죽은 돼지의 장기 기능을 되살렸다는 연구 결과를 발표했어요. 1시간 전 심장이 멈춘 돼지에게 인공 심폐 장치와 비슷한 장치를 달고 특수 개발한 용액을 주사하자 6시간 후에 심장뿐 아니라 간, 신장, 뇌 등 주요 장기의 일부 세포가 살아났다는 내용이었어요. 물론 신체 조직의 일부가 되살아났다고 해서 돼지가 완전히 '살아났다'고 보기는 어려워요.

그럼에도 불구하고 이번 연구는 사망 이후에도 세포를 재생하거나 복원할 수 있었다는 점에서 매우 큰 의미를 갖고 있어요. 이렇듯 놀라운 과학의 발전 덕분에 인간은 생명 연장의 꿈에 다가가고 있어요.

"불사신으로 만들어 줄 테니 영원히 나와 함께 살지 않겠어요?"

물의 여신 칼립소는 오디세우스에게 이렇게 말합니다. 오디세우스는 트로이 전쟁에서 승리하고 집으로 돌아가던 중에 폭풍우를 만나 칼립소의 섬에 도착했고, 7년 동안 칼립소에게 잡혀 있었지요.

하지만 오디세우스는 집으로 돌아가겠다고 말해요. 영원히 사는 신

이 되기보다는 언젠가 분명히 죽을 운명인 인간으로 남기를 선택한 거지요. 고향에 가기까지 험난한 역경을 겪게 될 거라는 걸 알지만 오디세우스는 그리운 가족이 기다리는 집으로 돌아가기 위해 거친 파도를 향해 뗏목을 띄웁니다.

 저는 종종 강의실에서 학생들에게 이와 비슷한 질문들을 합니다.

 과학이 발달해서 인간이 늙지 않고 아주 오랫동안 살 수 있다면 어떻게 하겠느냐고요. 대부분은 과학이 약속하는 미래가 지금과 너무 멀다고 생각해서인지, 아무리 과학이 발달해도 인간이 늙고 병들고 죽는 자연스러운 과정은 변하지 않을 거라고 생각해서인지, 지금 현재를 충실하게 살고 싶다고 대답했습니다.

 여러분들에게도 질문해 볼게요.

 과연 과학이 발달해서 생명 연장을 할 수 있다면 우리의 삶은 어떻게 바뀔까요? 늙지 않고 오랫동안 살 수 있다면 어떤 삶을 살고 싶은가요?

서울대 교수와 함께하는
10대를 위한 교양 수업
1 유성호 교수님이 들려주는 법의학 이야기

글 | 유성호 · 박여운   그림 | 신병근(박보은, 이잎새)

1판 1쇄 발행 | 2023년 1월 12일
1판 3쇄 발행 | 2025년 5월 12일

펴낸이 | 김영곤
아동부문 프로젝트3팀 | 이장건 김의헌 박예진 김혜지 이지현   **책임편집** | 윤은주
마케팅팀 | 남정한 나은경 한경화 권채영 전연우 최유성
영업팀 | 한충희 장철용 강경남 황성진 김도연
디자인 | 디자인이팝   **제작** | 이영민 권경민

펴낸곳 | ㈜북이십일 아울북
출판등록 | 2000년 5월 6일 제406-2003-061호
주소 | (10881) 경기도 파주시 회동길 201 (문발동)
대표전화 | 031-955-2100   **팩스** | 031-955-2177   **홈페이지** | www.book21.com

©유성호, 2023

이 책을 무단 복사·복제·전재하는 것은 저작권법에 저촉됩니다.

ISBN | 978-89-509-9138-8 (74000)
ISBN | 978-89-509-9137-1 (세트)

다양한 SNS 채널에서 아울북과 을파소의 더 많은 이야기를 만나세요.

 인스타그램 @owlbook21   페이스북 @owlbook21   네이버카페   유튜브 @아울북&을파소

* 잘못 만들어진 책은 구입하신 서점에서 교환해 드립니다.
* 가격은 책 뒤표지에 있습니다.

⚠ **주의** 1. 책 모서리가 날카로워 다칠 수 있으니 사람을 향해 던지거나 떨어뜨리지 마십시오.
2. 보관 시 직사광선이나 습기 찬 곳을 피해 주십시오.

- **제조자명** : ㈜북이십일
- **주소 및 전화번호** : 경기도 파주시 회동길 201(문발동)/031-955-2100
- **제조연월** : 2025.05.
- **제조국명** : 대한민국
- **사용연령** : 3세 이상 어린이 제품

• **일러두기** 맞춤법과 띄어쓰기는 《표준국어대사전》을 기준으로 삼았고, 외국의 인명, 지명, 병명 등은 국립국어원의 '외래어 표기법'을 따랐습니다.

• **사진 출처** 130쪽: 박종철 열사 흉상_ⓒ서울대저널 136쪽: 6·10 민주 항쟁_ⓒ서울역사아카이브